全民阅读·经典小丛书

资治通鉴

［北宋］司马光 ◎ 著
冯慧娟 ◎ 编

吉林出版集团股份有限公司

版权所有　侵权必究

图书在版编目（CIP）数据

资治通鉴 /（北宋）司马光著；冯慧娟编. —长春：吉林出版集团股份有限公司，2015.6（2025.5重印）

（全民阅读.经典小丛书）

ISBN 978-7-5534-7592-9

Ⅰ.①资… Ⅱ.①司…②冯… Ⅲ.①中国历史–古代史–编年体 Ⅳ.①K204.3

中国版本图书馆 CIP 数据核字 (2015) 第 119866 号

ZI ZHI TONG JIAN

资治通鉴

[北宋] 司马光　著　冯慧娟　编

出版策划：	崔文辉
选题策划：	冯子龙
责任编辑：	侯　帅
排　　版：	新华智品
出　　版：	吉林出版集团股份有限公司
	（长春市福祉大路 5788 号，邮政编码：130118）
发　　行：	吉林出版集团译文图书经营有限公司
	（http://shop34896900.taobao.com）
电　　话：	总编办 0431-81629909　营销部 0431-81629880 / 81629881
印　　刷：	北京一鑫印务有限责任公司
开　　本：	640mm×940mm 1/16
印　　张：	10
字　　数：	130 千字
版　　次：	2015 年 7 月第 1 版
印　　次：	2025 年 5 月第 5 次印刷
书　　号：	ISBN 978-7-5534-7592-9
定　　价：	45.00 元

印装错误请与承印厂联系　电话：010-61424266

前言

《资治通鉴》是中国历史上规模最大、成就最高的编年体通史,由北宋政治家、史学家司马光等历时19年编纂而成。

全书上起周威烈王二十三年(前403),下至五代后周显德六年(959),共跨越1362年的历史。本书编写结构上以年月为经、史实为纬,依年代顺序通贯叙述史实,用追叙和终言总结的手法说明史实的前因后果,使人得到系统而明晰的印象;内容以政治、军事和民族关系为主,兼及经济、文化和对历史人物的评价;文字简明流畅,朴质精练,具有相当高的文学价值。

书名"资治"目的在于供封建统治者从历史兴亡中取得鉴戒,故《资治通鉴》成书以来,被奉为金科玉律,历代帝王将相、文人骚客、各界要人乃至普通百姓争读不已,点评批注者更是不胜枚举。今天,它依然对人们有着很大的指导意义,是经商管理、为官从政者案头必备之典籍。

目录

战国争雄 ……………………………………… ○○一
三国分晋（卷一○周纪一）……………………… ○○二
鸡鸣狗盗（卷三○周纪三）……………………… ○○四
渑池之会（卷四○周纪四）……………………… ○○六
奇货可居（卷五○周纪五）……………………… ○○九

天下一统 ……………………………………… ○一三
韩非使秦（卷六○秦纪一）……………………… ○一四
荆轲刺秦（卷七○秦纪二）……………………… ○一七
初并天下（卷七○秦纪二）……………………… ○一九
斩蛇起义（卷七○秦纪二）……………………… ○二二

楚汉相争 ……………………………………… ○二五
约法三章（卷九○汉纪一）……………………… ○二六
项庄舞剑（卷九○汉纪一）……………………… ○二九
西楚霸王（卷九○汉纪一）……………………… ○三五
半壁江山（卷十○汉纪二）……………………… ○三七
垓下悲歌（卷十一○汉纪三）…………………… ○四二

大汉天下 ……………………………………… ○四五
吕后弄权（卷十二○汉纪四）…………………… ○四六
匈汉和亲（卷十二○汉纪四）…………………… ○四八
文帝之治（卷十五○汉纪七）…………………… ○五○
武帝崇仙（卷十八○汉纪十）…………………… ○五二
四海臣服（卷二十七○汉纪十九）……………… ○五四

王莽篡权（卷三十五—三十七◎汉纪二十八） ……………… 〇五六

张角起义（卷五十八◎汉纪五十） ……………………… 〇五九

三国鼎立 …………………………………………… 〇六一

官渡之战（卷六十三◎汉纪五十五） …………………… 〇六二

孙刘结盟（卷六十五◎汉纪五十七） …………………… 〇六八

赤壁鏖战（卷六十五◎汉纪五十七） …………………… 〇七三

刘备入蜀（卷六十七◎汉纪五十九） …………………… 〇七八

败走麦城（卷六十八◎汉纪六十） ……………………… 〇八一

平定南中（卷七十◎魏纪二） …………………………… 〇八三

智星陨落（卷七十二◎魏纪四） ………………………… 〇八六

假刀杀帝（卷七十七◎魏纪九） ………………………… 〇八八

南北对峙 …………………………………………… 〇九一

闻鸡起舞（卷八十八◎晋纪十） ………………………… 〇九二

东山再起（卷一百零一◎晋纪二十三） ………………… 〇九五

淝水之战（卷一百零五◎晋纪二十七） ………………… 〇九七

孝文改革（卷一百三十六◎齐纪二） …………………… 〇九九

一统归隋（卷一百七十七◎隋纪一） …………………… 一〇三

隋唐盛世 …………………………………………… 一〇七

杨广夺宠（卷一百七十九◎隋纪三） …………………… 一〇八

李渊兴兵（卷一百八十四◎隋纪八） …………………… 一一三

深宫暗斗（卷一百九十◎唐纪六） ……………………… 一一五

玄武之变（卷一百九十一◎唐纪七） …………………… 一一九

魏征进谏（卷一百九十二◎唐纪八）..................一二三
房谋杜断（卷一百九十三◎唐纪九）..................一二七
文成入蕃（卷一百九十六◎唐纪十二）................一二九
武氏专权（卷二百零四◎唐纪二十）..................一三一
二相治国（卷二百一十一◎唐纪二十七）..............一三三
贵妃宠侍（卷二百一十五◎唐纪三十一）..............一三五
黄巢兵败（卷二百五十六◎唐纪七十二）..............一三八

五代十国..一三九
梁晋之争（卷二百七十一◎后梁纪六）................一四〇
后唐当立（卷二百七十二◎后唐纪一）................一四三
石郎造反（卷二百八十◎后晋纪一）..................一四六
北抗契丹（卷二百九十二◎后周纪三）................一五〇

战国争雄

春秋五霸之一的晋国灭亡了，战国七雄中的韩、赵、魏三国产生了，七雄兼并的战国序幕揭开了。

…… 前403年

战国争雄 > 三国分晋 > 卷一◎周纪一

三国分晋（卷一◎周纪一）

司马光

【原文】

威烈王二十三年（戊寅，公元前403年）

初命晋大夫魏斯、赵籍、韩虔为诸侯。

臣光曰：臣闻天子之职莫大于礼，礼莫大于分，分莫大于名。何谓礼？纪纲是也。何谓分？君臣是也。何谓名？公、侯、卿、大夫是也。

夫以四海之广，兆民之众，受制于一人，虽有绝伦之力，高世之智，莫不奔走而服役者，岂非以礼为之纪纲哉！是故天子统三公，三公率诸侯，诸侯制卿大夫，卿大夫治士庶人。贵以临贱，贱以承贵。上之使下，犹心腹之运手足，根本之制支叶；下之事上，犹手足之卫心腹，支叶之庇本根。然后能上下相保而国家治安。故曰：天子之职莫大于礼也。

【译文】

威烈王二十三年（戊寅，公元前403年）

周威烈王姬午正式分封晋国大夫

东周末期的中山王鼎

前400年……

韩、赵、魏被周王立为诸侯,史称"三家分晋"。魏用李悝、翟璜为相,用西门豹治邺,成三晋中最强。

战国争雄 > | 三国分晋 > | 卷一◎周纪一

魏斯、赵籍、韩虔为诸侯国君。

　　臣司马光说:我知道天子的职责中最重要的是维护礼教,礼教中最重要的是区分地位,区分地位中最重要的是匡正名分。什么是礼教?就是法纪。什么是区分地位?就是君臣有别。什么是名分?就是公、侯、卿、大夫等官爵。

群雄争霸的战国时代

　　四海之广,亿民之众,都受制于天子一人,尽管是才能超群、智慧绝伦的人,也不敢不在天子足下为他奔走服务,这难道不是以礼作为礼纪朝纲的作用吗!所以,天子统率三公,三公督率诸侯国君,诸侯国君节制卿、大夫官员,卿、大夫官员又统治士人百姓。权贵支配贱民,贱民服从权贵。上层指挥下层,就好像人的心腹控制四肢行动,树木的根和干支配枝和叶;下层服侍上层,就好像人的四肢卫护心腹,树木的枝和叶遮护根和干。这样才能上下层互相保护,从而使国家得到长治久安。所以说,天子的职责没有比维护礼制更重要的了。

秦孝公任用卫鞅为左庶长,卫鞅南门立木,揭开秦国变法的序幕,历时20年,为秦成就帝业开辟了道路。

······前356年

| 战国争雄 > | 鸡鸣狗盗 > | 卷三◎周纪三 |

鸡鸣狗盗(卷三◎周纪三)

【原文】

周赧王十七年(癸亥,公元前298年)

或谓秦王曰:"孟尝君相秦,必先齐而后秦。秦其危哉!"秦王乃以楼缓为相,囚孟尝君,欲杀之。孟尝君使人求解于秦王幸姬,姬曰:"愿得君狐白裘。"孟尝君有狐白裘,已献之秦王,无以应姬求。客有善为狗盗者,入秦藏中,盗狐白裘以献姬。姬乃为之言于王而遣之。王后悔,使追之。孟尝君至关。关法:鸡鸣而出客。时尚蚤,追者将至。客有善为鸡鸣者,野鸡闻之皆鸣。孟尝君乃得脱归。

楚人告于秦曰:"赖社稷神灵,国有王矣!"秦王怒,发兵出武关击楚,斩首五万,取十六城。

【译文】

周赧王十七年(癸亥,公元前298年)

有人劝告秦王:"孟尝君做秦国丞相,一定会先照顾齐国而后才考虑秦国,秦国实在危险!"秦王于是任楼缓为丞相,囚禁了孟尝君,想杀掉他。孟尝君派人向秦王宠爱的姬妾求救,姬妾说:"我希望得到你那件白狐皮袍。"孟尝君有件白狐皮袍,但已经献给了秦

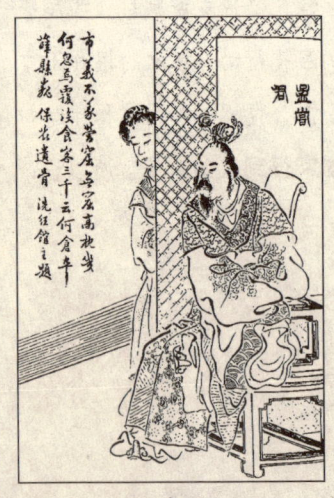

孟尝君

前341年……

齐军用孙膑计谋再次大败魏军,杀死魏军主将、孙膑的同学庞涓。孙膑由此名声大起,著有《孙膑兵法》。

战国争雄 > | 鸡鸣狗盗 > | 卷三◎周纪三

王,无法满足姬妾的要求。他的幕僚中有个人善于盗窃,便潜入秦宫中的藏库,盗出白狐皮袍送给那个姬妾。姬妾于是替孟尝君说情让秦王释放他。孟尝君走后,秦王觉得懊悔,就派人去追。孟尝君逃到边关。按照守关制度,要等鸡叫才能放行过客,而这时天色还早,追赶的人即将赶到。幸亏孟尝君的幕僚中有人善学鸡叫,四野的鸡一听他的叫声都引颈长鸣,孟尝君才得以出关脱身。

孟尝君偷过函谷关

楚人告诉秦王说:"靠我们祖先的保佑,楚国有君王了。"秦王非常生气,出兵武关,进击楚国,斩首五万人,攻占了十六座城池。

秦说客张仪以割商于之地六百里给楚为诱饵，劝楚怀王与齐绝交，怀王中计，挥师攻齐，败而割地言和。

…… 前312年

战国争雄 > 渑池之会 > 卷四◎周纪四

渑池之会（卷四◎周纪四）

【原文】

周赧王中三十六年（壬午，公元前279年）

秦王使使者告赵王，愿为好会于河外渑池。赵王欲毋行，廉颇、蔺相如计曰："王不行，示赵弱且怯也。"赵王遂行，相如从。廉颇送至境，与王诀曰："王行，度道里会遇之礼毕，还不过三十日；三十日不还，则请立太子，以绝秦望。"王许之。

会于渑池。王与赵王饮，酒酣，秦王请赵王鼓瑟，赵王鼓之。蔺相如复请秦王击缶，秦王不肯。相如曰："五步之内，臣请得以颈血溅大王矣！"左右欲刃相如，相如张目叱之，左右皆靡。王不怿，为一击缶。罢酒，秦终不能有加于赵；赵人亦盛为之备，秦不敢动。赵王归国，以蔺相如为上卿，位在廉颇之右。

手持和氏璧的蔺相如

【译文】

周赧王中三十六年（壬午，公元前279年）

秦王派使者告诉赵王，希望彼此和好，愿意在黄河外渑池会盟。赵王不想去，廉颇、蔺相如建议说："如果君王不去，便显示出赵国势弱胆

前307年……

赵武灵王北攻中山,效法戎人,实行胡服骑射。后破林胡、楼烦等少数民族,设三郡,北筑长城。

战国争雄 > | 渑池之会 > | 卷四◎周纪四

小。"于是赵王前往渑池,由蔺相如随从。廉颇送行到边境,和赵王道别说:"君王此去,预计路程至会盟完毕,不会超过三十天;如果三十天不回来,请准许立太子为王,以断绝秦国挟持威胁的念头。"赵王答应了。

双方在渑池会面。秦王和赵王饮酒,饮到酣畅之时,秦王请赵王鼓瑟,赵王依言鼓瑟。蔺相如也请秦王击缶,秦王不肯。相如说:"在五步之内,我可以用颈中的血溅在你身上!"秦王左右的近臣想杀蔺相

(先秦时期)群舞扣饰

渑池之会 蔺相如在渑池会晤时不畏强秦,机智勇敢,强迫秦王击缶,维护了赵王的尊严,宣扬了"君辱臣死"的忠君思想。

赵武灵王让位与儿子何,结果公子成等围杀废太子章,赵武灵王被饿死在沙丘宫中,史称"沙丘宫变"。

前295年

战国争雄 >　渑池之会 >　卷四◎周纪四

如,相如瞪眼呵斥,他们都吓得畏缩不前。秦王只好不高兴地击了一下缶。直到饮酒完毕,秦国始终无法占赵国的便宜。赵人事先也大加防备,使秦国不敢轻举妄动。赵王回国后,任蔺相如为上卿,地位在廉颇之上。

前279年……

齐国大将田单行反间计，使燕惠王撤主将乐毅不用，又布"火牛阵"大破燕军，迎齐襄王回临淄。

战国争雄 > | 奇货可居 > | 卷五◎周纪五

奇货可居（卷五◎周纪五）

【原文】

周赧王五十八年（甲辰，公元前257年）

秦太子之妃曰华阳夫人，无子；夏姬生子异人，异人质于赵。

阳翟大贾吕不韦适邯郸，见之，曰："此奇货可居！"乃往见异人，说曰："吾能大子之门。"异人笑曰："且自大君之门！"不韦曰："子不知也，吾门待子门而大。"异人心知所谓，乃引与坐，深语。异人曰："必如君策，请得分秦国与君共之。"不韦乃以五百金与异人，令结宾客。复以五百金买奇物玩好，自奉而西。见华阳夫人之姊，而以奇物献于夫人，因誉子异人之贤，宾客遍天下，常日夜泣思太子及夫人，曰："异人也以夫人为天！"夫人大喜。不韦因使其姊说夫人曰："夫以色事人者，色衰则爱弛。今夫人爱而无子，不以繁华时蚤自结于诸子中贤孝者，举以为适，即色衰爱弛，虽欲开一言，尚可得乎！今子异人贤，而自知中子不得为适，夫人诚以此

吕不韦

秦赵渑池之会，赵惠文王险被秦昭襄王所辱，幸得蔺相如相救。

┄┄┄ 前279年

战国争雄 > | 奇货可居 > | 卷五◎周纪五

时拔之，是子异人无国而有国，夫人无子而有子也，则终身有宠于秦矣。"夫人以为然，承间言于太子曰："子异人绝贤，来往者皆称誉之。"因泣曰："妾不幸无子，愿得子异人立以为子，以托妾身！"太子许之，与夫人刻玉符，约以为嗣，因厚馈遗异人，而请吕不韦傅之。异人名誉盛于诸侯。

吕不韦娶邯郸诸姬绝美者与居，知其有娠。异人从不韦饮，见而请之。不韦佯怒，既而献之。孕期年而生子政，异人遂以为夫人。邯郸之围，赵人欲杀之，异人与不韦行金六百斤予守者，脱亡赴秦军，遂得归。异人楚服而见华阳夫人，夫人曰："吾楚人也，当自子之。"因更其名曰楚。

【译文】

周赧王五十八年（甲辰，公元前257年）

秦太子的妃子叫华阳夫人，没有生子；夏姬生了一个儿子名异人，异人在赵国做人质。

阳翟有个大商人吕不韦到邯郸，看到这种情形，说："这是珍奇之货，可以

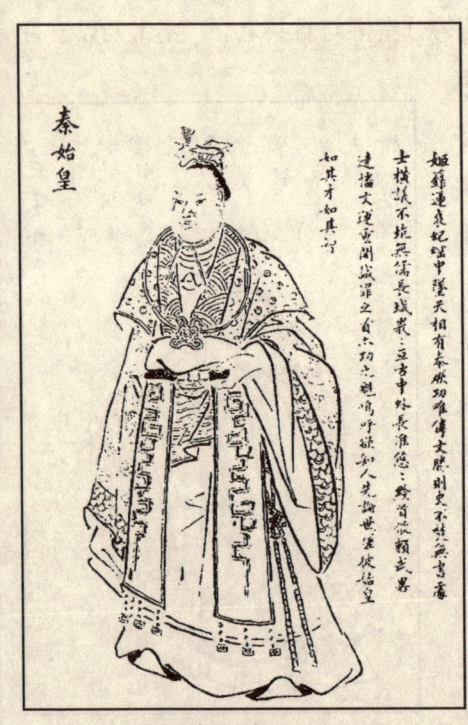

秦王嬴政

前278年……

秦将白起攻入楚都郢,屈原闻讯投汨罗江自尽。屈原多次放逐江南,创楚辞新体,作《离骚》等。

战国争雄 > | 奇货可居 > | 卷五◎周纪五

囤积牟利!"就去拜见异人,游说他道:"我能光大你的门庭。"异人笑着说:"还是光大你自己的门庭吧!"吕不韦说:"你有所不知,我的门庭必须依赖你来光大。"异人心中知其所说,就引他坐下,深入交谈。异人说:"如果能实现你说的计划,我愿意与你共享秦国。"吕不韦于是拿出五百金给异人,让他结交宾客。又用五百金购买奇宝珍玩,自己携带着西行到秦国。他见到华阳夫人的姐姐,通过她把珍宝献给华阳夫人,趁机称赞异人贤明,宾客遍天下,常常日夜哭着思念太子和华阳夫人,说:"异人把夫人当作自己的上天!"华阳夫人听了大喜。吕不韦又通过她姐姐劝说华阳夫人:"靠容貌侍奉别人,年老色衰则宠爱松弛。现在夫人虽受到宠爱,却没有儿子,不趁着年华正盛,自己早些在大王的儿子中选一个贤良孝顺的,推举他为嫡子,等到色衰就迟了,即便想说一句话,还有可能吗?现在异人贤明,又知道自己排行居中,做不了嫡子,夫人真能在这时候提拔他,异人就从无国变成了有国,夫人也从无子变成了有子,便会终身在秦国得到宠幸。"华阳夫人认为说得很对,抓住机会便对太子说:"儿子异人绝顶贤明,来来往往的人都称誉他。"又哭道:"我不幸没有生儿子,想把异人立为儿子,使自己有个依靠!"太子答应了,给华阳夫人刻下玉符,约定以异人为继承人,因而送给异人丰厚的财物,并请吕不韦辅佐他。异人的名望声誉从此在各国盛传。

吕不韦娶了一位邯郸美女中最美的女子,与他同居,知道她已怀孕。一次,异人与吕不韦饮酒,见到了这位女子,便向吕不韦索求。吕不韦假装动怒,不久又将她献给异人。这位女子怀孕一年后生下儿

魏人范雎逃入秦国，秦昭王用其为客卿，参与秦政。范雎献上"远交近攻"之计，昭王采纳并实行此计。

······ 前270年

战国争雄 > | 奇货可居 > | 卷五◎周纪五

子，取名嬴政，异人便把她立为正室夫人。邯郸被秦兵围困时，赵国人想杀死异人，异人与吕不韦用六百金送给看守，脱身逃到秦军中，得以回到秦国。异人身穿楚国服装去见华阳夫人，夫人说："我是楚人啊！我把你当作亲生儿子。"于是把他的名字改为楚。

微信扫码
☑拓展视频 ☑图文资讯
☑趣味测评 ☑阅读分享

一统天下

赵求援于魏，魏将晋鄙因畏秦而不敢出兵。信陵君用侯嬴计，窃得兵符，杀晋鄙，率兵救赵，邯郸解围。

前257年

天下一统 > ｜ 韩非使秦 > ｜ 卷六◎秦纪一

韩非使秦（卷六◎秦纪一）

【原文】

秦始皇帝十四年（戊辰，公元前233年）

韩王纳地效玺，请为藩臣，使韩非来聘。韩非者，韩之诸公子也，善刑名法术之学，见韩之削弱，数以书干韩王，王不能用。于是韩非疾治国不务求人任贤，反举浮淫之蠹而加之功实之上。宽，则宠名誉之人；急，则用介胄之士。所养非所用，所用非所养。悲廉直不容于邪枉之臣，观往者得失之变，作《孤愤》《五蠹》《内外储》《说林》《说难》五十六篇，十余万言。

王闻其贤，欲见之。非为韩使于秦，因上书说王曰："今秦地方数千里，师名百万，号令赏罚，天下不如。臣昧死愿望见大王，言所以破天下从之计。大王诚听臣说，一举而天下之从不破，赵不举，韩不亡，荆、魏不臣，齐、燕不亲，霸王之名不成，四邻诸侯不朝，大王斩臣以徇国，以戒为王谋不忠者也。"王悦之，未任用。李斯嫉之，曰："韩非，韩之诸公子也。今欲并诸侯，非终为韩不为秦，此人情也。今王不用，久留而归之，此自遗患也；不如以法诛之。"王以为然，下吏治非。李斯使人遗非药，令早自杀。韩非欲自陈，不得见。王后悔，使人赦之，非已死矣。

【译文】

秦始皇帝十四年（戊辰，公元前233年）

韩王献上领土及玉玺，自请为秦国藩臣，派韩非来觐见。韩非是

前250年……

李冰修都江堰，使岷江流域旱涝保收，被后世称为天府之国。

天下一统 > | 韩非使秦 > | 卷六◎秦纪一

韩国公子，擅长刑名法术之学，见韩国削弱，数次上书建议韩王，韩王都不采用。于是韩非憎恶韩国治国不能求人才、任贤人，反而举用虚浮乱淫的蠹虫，把他们安置在与实际功劳不相称的高位上。政治平顺时，则宠信巧言善辩的人；国家危急时，就举用作战勇士。平时培养的不是战时举用的，战时举用的并非平日培养的。又悲伤廉洁正直的大臣为邪恶小人所不容，于是观察以往历史上得失成败的事迹，撰写了《孤愤》《五蠹》《内储》《外储》《说林》《说难》等五十六篇文章，共有十余万字。

吴起

秦王听到他的贤名，想见他。正好韩非做韩国使者，出使秦国，于是上书游说秦王道："现在秦国有数千里土地，百万军队，发号施令，奖赏处罚，天下没有能比得上的。我冒死请见大王，来谈谈如何破除各国合纵的计策。大王如果真能听从微臣的话，大兵一出，而天下合纵却无法攻破，赵国无法攻下，韩国不灭亡，荆、魏二国不臣服，齐、燕二国不亲附，霸王之名无法功成，四邻的诸侯不来朝见，大王可斩我殉国，来警戒那些不能忠心为君谋划的人。"秦王很欣赏他，但未能任用。李斯因为嫉妒他，便向秦王说："韩非是韩国的公子。现在要兼并各国，韩非终究会为韩国而不为秦国打算，这是人

秦统一六国,自称始皇帝。定官制,设三公,废除分封制,统一全国度量衡、货币、文字、律令等。

·····前221年

天下一统 > | 韩非使秦 > | 卷六◎秦纪一

商鞅方升

之常情。现在君王不任用他,久留之后再遣送他回国,是自遗后患。不如想个法子杀掉他。"秦王认为有理,将韩非下狱治罪。李斯派人送药给韩非,叫他早点自杀。韩非想自己去解释明白,却无法见到秦王。后来秦王后悔,派人赦免他的时候,韩非已经死去了。

前213年……

秦始皇采纳丞相李斯建议,下令禁止私学,焚毁《秦记》以外史书和诸子著作,次年坑杀儒生460多人。

天下一统 > 荆轲刺秦 > 卷七◎秦纪二

荆轲刺秦(卷七◎秦纪二)

【原文】

秦始皇帝二十年(甲戌,公元前227年)

荆轲至咸阳,因王宠臣蒙嘉卑辞以求见;王大喜,朝服,设九宾而见之。荆轲奉图以进于王,图穷而匕首见,因把王袖而揕之。未至身,王惊起,袖绝。荆轲逐王,王环柱而走。群臣皆愕,卒起不意,尽失其度。而秦法,群臣侍殿上者不得操尺寸之兵,左右以手共搏之,且曰:"王负剑!"负剑,王遂拔以击荆轲,断其左股。荆轲废,乃引匕首擿王,中铜柱。自知事不就,骂曰:"事所以不成者,以欲生劫之,必得约契以报太子也!"遂体解荆轲以徇。王于是大怒,益发兵诣赵,就王翦以伐燕,与燕师、代师战于易水之西,大破之。

【译文】

秦始皇帝二十年(甲戌,公元前227年)

荆轲抵达秦国都城咸阳,通过秦王嬴政的宠臣蒙嘉,以谦卑的言辞求见秦王,秦王嬴政大喜,穿上君臣朝会时的礼服,召集百官安排九宾大礼迎见荆轲。荆轲手捧地图进献给秦王,图卷全部展开,匕首出现,荆轲乘势

图穷匕见

秦始皇命令在渭河以南的上林苑营建朝宫，首先建造的是前殿阿房宫，至始皇死尚未落成。

前212年

天下一统 > 　荆轲刺秦 > 　卷七◎秦纪二

抓住秦王的袍袖，举起匕首刺向他的胸膛。但是未等荆轲近身，秦王嬴政已惊恐地一跃而起，挣断了袍袖。荆轲随即追逐秦王，秦王绕着柱子奔跑。群臣都吓呆了，事发仓促，君臣全部都失去了常态。秦国法律规定，在殿上侍奉的臣仆不得携带任何武器，因此大家只好一起徒手上前扑打荆轲，并喊道："大王，把剑推上背！"秦王嬴政将剑推到背上，这才拔出剑来回击荆轲，砍断了他的左大腿。荆轲残废了，无法再追，便把匕首向秦王投掷过去，但却击中了铜柱。荆轲知道行刺之事已无法完成，就大骂道："此事之所以不能成功，是想让你活着被劫持，我一定要得到归还所兼并的土地的契约来回报燕太子啊！"于是，荆轲被分尸示众。秦王为此勃然大怒，增派军队到赵国，随王翦的大军攻打燕。秦军在易水以西与燕军和代王的军队会战，大败燕、代两军。

荆轲刺秦王 此为汉代画像石上的"荆轲刺秦王"场面，秦王嬴政绕柱而走，荆轲紧追不舍，生动形象。

前209年……

七月,陈胜、吴广领导900戍卒在大泽乡揭竿起义抗秦。起义军攻下陈县,陈胜称王,号"张楚"。

天下一统 > 初并天下 > 卷七◎秦纪二

初并天下(卷七◎秦纪二)

【原文】

秦始皇帝下二十六年(庚辰,公元前221年)

王贲自燕南攻齐,猝入临淄,民莫敢格者。秦使人诱齐王,约封以五百里之地,齐王遂降。秦迁之共,处之松柏之间,饿而死。齐人怨王建不早与诸侯合从,听奸人宾客以亡其国,歌之曰:"松耶,柏耶,住建共者客耶!"疾建用客之不详也。

王初并天下,自以为德兼三皇,功过五帝,乃更号曰"皇帝",命为"制",令为"诏",自称曰"朕"。追尊庄襄王为太上皇。制曰:"死而以行为谥,则是子议父,臣议君也,甚无谓。自今以来,除谥法。朕为始皇帝,后世以计数,二世、三世至于万世,传之无穷。"

初,齐威、宣之时,邹衍论著终始五德之运;及始皇并天下,齐人奏之。始皇采用其说,以为周得火德,秦代周,从所不胜,为水德。始改年,朝贺皆自十月朔;衣服、旌旄、节旗皆尚黑;数以六为纪。

【译文】

秦始皇帝下二十六年(庚辰,公元前221年)

秦将王贲率军从燕国向南进攻齐国,突然攻入都城临淄,齐国国民中没有敢于抵抗的。秦国派人诱降齐王,约定封给他五百里的土地,齐王便投降了。但是秦国却将他迁移到共城,安置在松柏之间,最终被饿死。齐国人埋怨国君田建不及早参与诸侯国的合纵联盟,却听信奸佞、

陈胜起义后,各地纷纷响应,九月,刘邦在萧何等支持下起兵反秦。项梁、项羽起兵于会稽。

…… 前209年

天下一统 > 初并天下 > 卷七◎秦纪二

宾客的意见,致使国家灭亡,所以为此编了一首歌谣说:"松树啊,柏树啊,使田建住在共地饿死的,是宾客啊!"恨田建任用宾客不审慎考察。

秦国嬴政刚刚兼并六国,统一天下,自认为兼备了三皇的德行,功业超过了五帝,于是便改称号为"皇帝",皇帝出命称"制",下令称"诏",皇帝自称为"朕"。追尊父亲庄襄王为太上皇。并颁布制书说:"君王死后依据他生前的行为确定谥号,这是儿子议论父亲,臣子议论君王,实在不应该。从今以后,废除为帝王上谥号的制度。朕为始皇帝,后继者以序数计算,称为二世皇帝、三世皇帝,以至万世,无穷尽地传下去。"

当初,齐威王、齐宣王的时候,邹衍创立了金、木、水、火、土周而复始的"五德相运"学说;到了始皇帝合并天下时,齐国人将此说奏报给他。始皇采纳了这套学说,认为周朝是火德,秦取代周,从火不能胜水来推算,秦应是水德。于是开始更改岁历,新年朝见皇帝与庆贺典礼都从十月初一开始;衣服、旗帜、符节等都崇尚黑色;计数以六为一个单位。

【原文】

分天下为三十六郡,郡置守、尉、监。

收天下兵聚咸阳,销以为钟鐻、金人十二,重各千石,置宫廷中。一法度、衡、石、丈尺。徙天下豪杰于咸阳十二万户。

诸庙及章台、上林皆在渭南。每破诸侯,写放其宫室,作之咸阳

前208年……

六月,项梁立楚怀王之孙心为王,自封为武信君。秦将章邯在定陶大破楚军,杀项梁,渡河击赵。

天下一统 > 初并天下 > 卷七◎秦纪二

北阪上,南临渭,自雍门以东至泾、渭,殿屋、复道、周阁相属,所得诸侯美人、钟鼓以充入之。

【译文】

始皇帝于是下令把全国划分为三十六个郡,每郡设置郡守、郡尉、监御史。

又下令收缴全国民间所藏的兵器,运送汇集到咸阳,熔毁后铸成大钟和钟架,以及十二个铜人,各重千石,放置在宫廷中。并统一法制和度量衡。还将各地富豪十二万户迁徙到咸阳。

秦王朝各位先祖的祭庙和章台宫、上林苑都在渭水南岸。秦国每征服一个国家,就派人摹画、仿照该国的宫室,在咸阳城北的山坡上同样建造一座。如此南临渭水,自雍门向东至泾水、渭水相交处,宫殿屋宇、天桥、楼阁相连接,所获得的各国美女、钟鼓等乐器都安置在里边。

项羽尊楚怀王为义帝。二月,项羽自封为西楚霸王,分封18个诸侯王。刘邦为汉王,统治巴蜀及汉中。

前206年

天下一统 > ｜ 斩蛇起义 > ｜ 卷七◎秦纪二

斩蛇起义（卷七◎秦纪二）

【原文】

二世皇帝上元年（壬辰,公元前209年）

刘邦,字季,为人隆准、龙颜,左股有七十二黑子。爱人喜施,意豁如也。常有大度,不事家人生产作业。初为泗上亭长,单父人吕公,好相人,见季状貌,奇之,以女妻之。

既而季以亭长为县送徒骊山,徒多道亡。自度比至皆亡之,到丰西泽中亭,止饮,夜,乃解纵所送徒曰:"公等皆去,吾亦从此逝矣!"徒中壮士愿从者十余人。

刘季被酒,夜径泽中,有大蛇当径,季拔剑斩蛇。有老妪哭曰:"吾子,白帝子也,化为蛇,当道。今赤帝子杀之!"因忽不见。刘季亡匿于芒、砀山泽之间,数有奇怪;沛中子弟闻之,多欲附者。

及陈涉起,沛令欲以沛应之。掾、主吏萧何、曹参曰:"君为秦吏,今欲倍背之,率沛子弟,恐不听。愿君召诸亡在外者,可得数百人,因劫众,众不敢不听。"乃令樊哙召刘季。刘季之众已数十百人矣。沛令后悔,恐其有变,乃闭城城守,欲诛萧、曹。萧、曹恐,逾城保刘季。刘季乃书帛射城上,遗沛父老,为陈利害。父老乃率子弟共杀沛令,开门迎刘季,立以为沛公。萧、曹等为收沛子弟,得二三千人,以应诸侯。

【译文】

二世皇帝上元年（壬辰,公元前209年）

前206年……

四月,刘邦与其他诸侯王一样,启程到自己的封地去,并以萧何为丞相。七月,刘邦拜韩信为将。

天下一统 > | 斩蛇起义 > | 卷七◎秦纪二

刘邦,字季,高鼻梁,眉骨凸起如龙额,左大腿上有七十二颗黑痣。对人友爱宽厚,喜欢施舍财物,心胸开阔。素来有远大的志向,不安于从事平民百姓的日常耕作。起初,刘邦担任泗水亭长,单父县人吕公,喜爱给人相面,看见刘邦的形状容貌,认为很不寻常,便将女儿嫁给了他。

不久,刘邦以亭长身份奉命遣送夫役到骊山去,途中许多夫役逃亡。刘邦据此推测待到骊山时人已经都跑光了,便在行至丰乡西面的泽中亭时停下来休息饮酒,到了晚上,就释放所送的夫役们说:"你们都走吧,我也从此逃命去了!"夫役中年轻力壮的汉子愿意跟随他的有十余人。

刘邦喝醉了,夜间从小道走进湖沼地,遇到一条大蛇挡在道上,他随即拔剑斩杀了大蛇。一位老妇哭着说:"我的儿子是白帝的儿子啊,化为蛇,挡在小道上,而今却被赤帝的儿子杀了!"说罢就忽然不见了踪影。刘邦随后逃亡,隐藏在芒、砀的山泽中,这山泽间于是常常出现怪异现象。沛县中的年轻人闻讯后,大都想要去归附他。

及至陈胜起兵,沛县县令打算举城响应,主吏萧何、狱掾曹参说:"您身为秦朝官吏,现在想要背叛朝廷,以此率领沛县的青年,恐怕他们不会听从您的号令。望您把那些逃亡

陈胜、吴广起义

八月，刘邦用韩信计，表面上修整离开关中去巴蜀的栈道，暗地却迅速占领陈仓，打回关中。

…… 前206年

天下一统 > 　斩蛇起义 > 　卷七◎秦纪二

在外的人召集起来，可得数百人，借此威胁大众，众人便不敢不服从了。"县令于是便命樊哙去召刘邦来见，这时刘邦的部众已有百十来人了。县令事后很懊悔，担心召刘邦等人来会发生什么变故，就下令关闭城门，防守城池，并要诛杀萧何、曹参。萧、曹二人大为惊恐，翻过城去投奔刘邦以求自保。刘邦便在绸绢上草就一书，用箭射到城上，送给沛县的父老，陈说利害关系。父老们便率领年轻一辈一起杀掉了县令，敞开城门迎接刘邦，拥立他为沛公。萧何、曹参为刘邦召集沛县青年，得两三千人，以此响应诸侯抗秦。

楚汉相争

十一月,项羽入函谷关,驻军鸿门,召刘邦会宴,刘邦见有杀身之祸,借机逃脱,史称"鸿门宴"。

前206年

楚汉相争 > 约法三章 > 卷九◎汉纪一

约法三章(卷九◎汉纪一)

【原文】

汉高祖元年(乙未,公元前206年)

冬,十月,沛公至霸上。秦王子婴素车、白马,系颈以组,封皇帝玺、符、节,降轵道旁。诸将或言诛秦王。沛公曰:"始怀王遣我,固以能宽容。且人已降,杀之不祥。"乃以属吏。

沛公西入咸阳,诸将皆争走金帛财物之府分之。萧何独先入收秦丞相府图籍藏之,以此沛公得具知天下阨塞、户口多少、强弱之处。沛公见秦宫室、帷帐、狗马、重宝、妇女以千数,意欲留居之。樊哙谏曰:"沛公欲有天下耶,将为富家翁耶?凡此奢丽之物,皆秦所以亡也,沛公何用焉!愿急还霸上,无留宫中!"沛公不听。张良曰:"秦为无道,故沛公得至此。夫为天下除残贼,宜缟素为资。今始入秦,即安其乐,此所谓'助桀所虐'。且忠言逆耳利于行,毒药苦口利于病,愿沛公听樊哙言!"沛公乃还军霸上。

十一月,沛公悉召诸县父老、豪杰,谓曰:"父老苦秦苛法久矣!吾与诸侯约,先入关者王之;吾当王关中。与父老约,法三章耳:杀人者死,伤人及盗抵罪。余悉除去秦法,诸吏民皆案堵如故。凡吾所以来,为父老除害,非有所侵暴,无恐!且吾所以还军霸上,待诸侯至而定约束耳。"乃使人与秦吏行县、乡、邑,告谕之。秦民大喜,争持牛、羊、酒食献飨军士。沛公又让不受,曰:"仓粟多,非乏,不欲费民。"民又益喜,唯恐沛公不为秦王。

前204年……

十月，韩信率军越过太行山，向东攻击赵地，在井陉采用"置之死地而后生"的背水战术，破赵降燕。

楚汉相争 > | 约法三章 > | 卷九◎汉纪一

【译文】

汉高祖元年（乙未，公元前206年）

冬季，十月，沛公刘邦率军抵达霸上。秦王子婴乘着白色的车子，驾着白马，颈上系着绳子，手捧封好的皇帝玉玺和符节，伏在轵道亭旁向刘邦投降。众将领中有人主张杀掉秦王，刘邦说："当初怀王之所以派我前来，原本就因为我能宽容他人。何况人家已经降服了，还要杀人家，这样做是不吉利的。"于是便将秦王子婴交给属下监管起来。

刘邦领兵向西进入咸阳，众将领都争先恐后到秦朝贮藏金帛财物的府库瓜分财宝。唯独萧何先入宫去取了秦朝丞相府的地理图册、文书、户籍簿等档案收藏起来，刘邦因此而全面了解了天下的山川要塞、户口的多少及财力物力强弱的分布。刘邦看到秦王朝的宫室、帷帐、各种狗马、贵重宝器和宫女数以千计，便想留下来在皇宫中居住。樊哙劝谏说："您是想拥有天下，还是只想做一个富翁呢？这些奢侈华丽之物，都是招致秦朝覆灭的东西，您要它们有什么用呀！望您尽快返回霸上，不要滞留在宫里！"刘邦不听。张良说："秦朝因为不施行仁政，所以您才能够来到这里。而为天下人铲除残民之贼，应如同丧服在身，把抚慰人民作为根本。现在

樊哙

十二月，韩信设计引项羽出战，让项羽陷入十面埋伏中。项羽精疲力竭，带领残余兵马，退守垓下大营。

前202年

楚汉相争 > 约法三章 > 卷九◎汉纪一

刚刚进入秦的都城，就要安享其乐，这便是人们所说的'助桀所虐'了。况且忠言逆耳利于行，良药苦口利于病，希望您能听取樊哙的劝告！"刘邦于是率军返回霸上。

十一月，刘邦将各县的父老和有声望的人全都召集起来，对他们说："父老们遭受秦朝严刑苛法的苦累已经很久了！我与各路诸侯约定，先入关中的人为王，据此我就应该在关中称王了。如今与父老们约法三章：杀人者处死，伤人者和抢劫者都要受处罚。除此之外，秦朝的法律统统废除，官吏和百姓都安定不动。我之所以到这里来，是为了替父老们除害，而不是来欺凌你们的，请你们不必害怕！况且我所以领兵回驻霸上，不过是为了等各路诸侯来到后订立一个约束规章罢了。"随即派人和秦朝的官吏一起巡行各县、乡、邑，向人们讲明道理。秦地的百姓都欢喜异常，争相拿着牛、羊、酒来慰问款待刘邦的官兵。刘邦又辞让不肯接受，说道："仓库中的粮食还很多，并不缺乏，不想让百姓们破费。"百姓们于是更加高兴，唯恐刘邦不在秦地称王。

前202年

诸侯尊奉汉王为皇帝,刘邦在汜水之南即位,是为汉高祖,西汉王朝建立,初定都洛阳。

楚汉相争 > 项庄舞剑 > 卷九◎汉纪一

项庄舞剑(卷九◎汉纪一)

【原文】

汉高祖元年(乙未,公元前206年)

项羽既定河北,率诸侯兵欲西入关。先是,诸侯吏卒、繇使、屯戍过秦中者,秦中吏卒遇之多无状。及章邯以秦军降诸侯,诸侯吏卒乘胜多奴虏使之,轻折辱秦吏卒。秦吏卒多怨,窃言曰:"章将军等诈吾属降诸侯。今能入关破秦,大善;即不能,诸侯虏吾属而东,秦又尽诛吾父母妻子,奈何?"诸将微闻其计,以告项羽。项羽召黥布、蒲将军计曰:"秦吏卒尚众,其心不服;至关不听,事必危。不如击杀之,而独与章邯、长史欣、都尉翳入秦。"于是楚军夜击坑秦卒二十余万人新安城南。

或说沛公曰:"秦富十倍天下,地形强。闻项羽号章邯为雍王,王关中,今则来,沛公恐不得有此。可急使兵守函谷关,无内诸侯军;稍征关中兵以自益,距之。"沛公然其计,从之。

【译文】

汉高祖元年(乙未,公元前206年)

项羽已经平定了黄河以北的地区,就想率领各路诸侯军向西进入关中。在此之前,诸侯军中的官兵有的曾因服徭役或屯戍到关中,秦地的官兵多无礼地对待他们。等到章邯率秦军投降了诸侯军后,诸侯军的官兵便凭借胜势,把秦军官兵多当作奴隶和俘虏来使唤,随便侮辱秦军官兵。秦军官兵大多因此而生出怨恨的情绪,暗地里议论说:

汉高祖率领30万军队攻打匈奴，被匈奴军队围在平城白登山，后用重金贿赂，才得以逃脱。

…… 前200年

楚汉相争 > | 项庄舞剑 > | 卷九◎汉纪一

"章将军等人骗咱们投降诸侯军。如今若能攻入关中消灭秦朝，当是大好事；倘若不能，诸侯军将咱们掠持到东方去，而秦朝又杀尽咱们的父母妻子儿女，那可怎么办啊？"诸侯军的将领们暗中查听到了这些议论，便报告给项羽。项羽于是召集黥布、蒲将军商量说："目前军中秦朝的官兵还很多，他们内心并不顺服，如果到了函谷关不听从调遣，情势必会危急。所以不如将他们除掉，而只和章邯、长史司马欣、都尉董翳等进入秦地。"楚军便于夜晚在新安城南面袭击活埋了秦兵二十余万人。

有人劝说刘邦道："关中地区比天下其他地方要富足十倍，而且地势险要。听说项羽封章邯为雍王，让他在关中称王，现在如果他来了，您恐怕就不能占据这个地方了。您可以火速派兵把守函谷关，不让诸侯军进来，并逐步征召关中之兵，以此增加自己的实力，抵御他们。"刘邦认为此计可行，就照着办了。

【原文】

楚左尹项伯者，项羽季父也，素善张良，乃夜驰之沛公军，私见张良，具告以事，欲呼与俱去，曰："毋俱死也！"张良曰："臣为韩王送沛公；沛公今有急，亡去，不义，不可不语。"良乃入，具告沛公。沛公大惊。良曰："料公士卒足以当项羽乎？"沛公默然曰："固不如也。且为之奈何？"张良曰："请往谓项伯，言沛公之不敢叛也。"沛公曰："君安与项伯有故？"张良曰："秦时与臣游，尝杀人，臣活之。今事有急，故幸来告良。"沛公曰："孰

前196年……

淮南王英布叛乱，汉高祖刘邦亲自率兵征讨，次年得胜。归途中路过故乡沛地，大宴父老，作《大风歌》。

楚汉相争 > | 项庄舞剑 > | 卷九◎汉纪一

与君少长？"良曰："长于臣。"沛公曰："君为我呼入，吾得兄事之。"张良出，固要项伯；项伯即入见沛公。沛公奉卮酒为寿，约为婚姻，曰："吾入关，秋毫不敢有所近，籍吏民，封府库而待将军。所以遣将守关者，备他盗之出入与非常也。日夜望将军至，岂敢反乎！愿伯具言臣之不敢倍德也。"项伯许诺，谓沛公曰："旦日不可不蚤自来谢。"沛公曰："诺。"于是项伯复夜去，至军中，具以沛公言报项羽，因言曰："沛公不先破关中，公岂敢入乎？今人有大功而击之，不义也；不如因善遇之。"项羽许诺。

鸿门宴图 此为西汉壁画，据郭沫若考证为《鸿门宴图》。描绘鸿门宴会紧张而激烈场面的同时，将腾腾杀机预示在一种平和宁静中。

【译文】

楚国的左尹项伯是项羽的叔父，向来与张良要好，便连夜驰马到刘邦军中，私下里会见张良，将这些事情一五一十地对他说了，想要叫张良同他一起离开，说道："你可别跟刘邦一块儿死啊！"张良说："我为韩王伴送沛公，而今沛公遇有急难，我却逃走了，这是不义的行为，我不能不告诉他。"于是张良便进去将项伯的话全都讲述给了刘邦。刘邦

> 萧何制定《九章律》法典。四月,高祖薨,太子刘盈即位为汉惠帝,母亲吕后独揽朝政。

前195年

| 楚汉相争 > | 项庄舞剑 > | 卷九◎汉纪一 |

大吃一惊。张良说:"您估计一下您的兵力足够抵挡项羽吗?"刘邦沉默了一会儿道:"的确是不如他呀。这可怎么办呢?"张良说:"请让我去告诉项伯,说您是绝不敢背叛项羽的。"刘邦道:"您是怎么与项伯成为故交的啊?"张良说:"在秦的时候,项伯与我有交往,他曾经杀过人,我救了他。现在事情紧急,所以他前来告诉我。"刘邦说:"您与他谁大谁小?"张良道:"他比我大。"刘邦说:"您替我唤他进来,我将把他当作兄长来对待。"张良于是出去,坚持邀项伯入内,项伯便进去与刘邦相见。刘邦手捧酒杯向项伯敬酒祝福,并与他约定结为儿女亲家,说:"我进入关中,连毫毛般微小的东西都不敢沾边,只是登记官民,封存府库,等待着项羽将军的到来。之所以派将领把守函谷关,是为了防备有其他盗贼出入和有非常情况发生。我日日夜夜盼望着将军驾临,哪里敢谋反啊!希望您能把我的所作所为详尽地反映给项将军。"项伯答应了,对刘邦说:"你明日不可不早些来亲自向项王道歉啊。"刘邦说:"好吧。"项伯于是当夜就赶了回去,到达军营后,将刘邦的话报告给项羽,并趁机道:"要不是刘邦先攻下关中,您又怎么敢进来呀?如今人家建立了大功却还要攻打人家,是不义的。不如就因此好好地对待他。"项羽同意了。

刘邦

【原文】
沛公旦日从百余骑来见项羽

前180年……

> 窦太后胞弟"入山作炭",是汉代采煤的文献记载,比西方早1400多年。文帝时,郡守开始使用符节。

楚汉相争 > | 项庄舞剑 > | 卷九◎汉纪一

鸿门,谢曰:"臣与将军戮力而攻秦,将军战河北,臣战河南;不自意能先入关破秦,得复见将军于此。今者有小人之言,令将军与臣有隙。"项羽曰:"此沛公左司马曹无伤言之;不然,籍何以至此!"项羽因留沛公与饮。范增数目项羽,举所佩玉玦以示之者三;项羽默然不应。范增起,出,召项庄,谓曰:"君王为人不忍。若入前为寿,寿毕,请以剑舞,因击沛公于坐,杀之。不者,若属皆且为所虏!"庄则入为寿,寿毕,曰:"军中无以为乐,请以剑舞。"项羽曰:"诺。"项庄拔剑起舞。项伯亦拔剑起舞,常以身翼蔽沛公,庄不得击。

鸿门宴

《五星占》成书，记载了从秦始皇元年（公元前246年）到汉文帝三年（公元前177年）70余年间五大行星的运行情况及位置，是世界上最早记录有关行星运动的史料。

前170年

楚汉相争 > | 项庄舞剑 > | 卷九◎汉纪一

【译文】

第二天，刘邦带领一百多骑随从人员到鸿门来见项羽，道歉说："我与将军您合力攻秦，您在黄河以北作战，我在黄河以南作战。没料到自己能先进入关中破秦，得以在这里与您重又相见。如今有小人之言搬弄是非，使您和我之间产生了隔阂。"项羽道："这是您的左司马曹无伤散布的流言，不然的话，我何至于如此呢！"项羽于是就留刘邦与他一起喝酒。范增频频向项羽递眼色，并三次举起他所佩戴的玉玦暗示项羽杀掉刘邦。项羽却只是默然不语，毫无反应。范增便起身出去招呼项庄，对他说："项王为人心慈手软，还是你进去上前给刘邦敬酒，敬完酒，你就请求表演舞剑，然后乘势在坐席上袭击刘邦，杀了他。不然的话，你们这些人都将成为他的阶下囚了！"项庄即入内为刘邦祝酒，敬完酒后，项庄道："军营中没有什么可用来取乐的，就请让我为你们舞剑助兴吧。"项羽说："好啊。"项庄于是拔剑起舞。项伯见状也起身拔剑起舞，并时时用身子遮护刘邦，使得项庄无法行刺。

前141年……

汉景帝死后,汉武帝刘彻即位,从此开始了掌握中国命运达54年之久的历程。

楚汉相争 > 西楚霸王 > 卷九◎汉纪一

西楚霸王(卷九◎汉纪一)

【原文】

汉高祖元年(乙未,公元前206年)

居数日,项羽引兵西,屠咸阳,杀秦降王子婴,烧秦宫室,火三月不灭。收其货宝、妇女而东。秦民大失望。

韩生说项羽曰:"关中阻山带河,四塞之地,地肥饶,可都以霸。"项羽见秦宫室皆已烧残破,又心思东归,曰:"富贵不归故乡,如衣绣夜行,谁知之者!"韩生退曰:"人言楚人沐猴而冠耳,果然!"项羽闻之,烹韩生。

项羽使人致命怀王,怀王曰:"如约。"项羽怒曰:"怀王者,吾家所立耳,非有功伐,何以得专主约!天下初发难时,假立诸侯后以伐秦。然身被坚执锐首事,暴露于野三年,灭秦定天下者,皆将相诸君与籍之力也。怀王虽无功,固当分其地而王之。"诸将皆曰:"善!"春,正月,羽阳尊怀王为义帝,曰:"古之帝者,地方千里,必居上游。"乃徙义帝于江南,都郴。

二月,羽分天下王诸将。羽自立为西楚霸王,王梁、楚地九郡,都彭城。

【译文】

汉高祖元年(乙未,公元前206年)

隔了几天,项羽领兵西进,洗劫屠戮咸阳城,杀了已投降的秦王子婴,放火焚烧秦朝宫室,大火燃烧了三个月不熄。随即搜取秦朝的金银财

新的纪年方法被采用,武帝采用"建元"为年号,这是我国历史上使用年号的开端。······前140年

楚汉相争 > 西楚霸王 > 卷九◎汉纪一

宝和妇女向东而去。秦地的百姓为此大失所望。

韩生劝说项羽道:"关中依恃山川河流为屏障,是四面都有险要可守的地方,土地肥沃,可以在此建都称霸。"项羽却看到秦王朝的宫室都已焚烧得残破不堪,一方面又惦记着返回东方的家乡,便说:"富贵了而不归故乡,就如同穿锦绣华服在夜间行走,谁能看得到啊!"韩生退下去后说道:"人家说楚人像是猕猴戴上人的帽子,果然如此!"项羽听到这话后,即将韩生煮死了。

项羽派人去回报请示楚怀王,怀王说:"照先前约定的办。"项羽暴跳如雷,说:"怀王这个人是我们家扶立起来的,并非因为他建有什么功绩,怎么能够一个人做主定约呢!全国起兵反秦伊始,暂时拥立过去各诸侯国国君的后裔为王,以利讨伐秦王朝。但是,身披坚固的铠甲、手持锐利兵器的首先起事,风餐露宿三年之久,终于灭亡秦朝平定天下,都是各位将相和我的力量。不过怀王虽然没什么功劳,却还是应当分给他土地,尊他为王。"众将领都说:"是啊!"春季,正月,项羽便假意尊推怀王为义帝,说道:"古代的帝王辖地千里,却必定居住在江河的上游地带。"于是就把义帝迁移到长江以南,定都在长沙郡的郴县。

二月,项羽划分天下土地,封各位将领做侯王。项羽自立为西楚霸王,管辖原魏国和楚国的九个郡,建都彭城。

前134年

汉武帝采董仲舒之议,罢黜百家,独尊儒术,察举孝廉成为定制,西汉士人政权逐渐出现。

楚汉相争 > 半壁江山 > 卷十◎汉纪二

半壁江山(卷十◎汉纪二)

【原文】

汉高祖四年(戊戌,公元前203年)

冬,十月,信袭破齐历下军,遂至临淄。齐王以郦生为卖己,乃烹之;引兵东走高密,使使之楚请救。田横走博阳,守相田光走城阳,将军田既军于胶东。

楚大司马咎守成皋,汉数挑战,楚军不出。使人辱之,数日,咎怒,渡兵汜水。士卒半渡,汉击之,大破楚军,尽得楚国金玉、货赂,咎及司马欣皆自刭汜水上。汉王引兵渡河,复取成皋,军广武,就敖仓食。

项羽下梁地十余城,闻成皋破,乃引兵还。汉军方围钟离眜于荥阳东,闻羽至,尽走险阻。羽亦军广武,与汉相守。数月,楚军食少。项王患之,乃为俎,置太公其上,告汉王曰:"今不急下,吾烹太公!"汉王曰:"吾与羽俱北面受命怀王,约为兄弟,吾翁即若翁;必欲烹尔翁,幸分我一杯羹!"项王怒,欲杀之。项伯曰:"天下事未可知。且为天下者不顾家,虽杀之,无益,只益祸耳!"项王从之。

【译文】

汉高祖四年(戊戌,公元前203年)

冬季,十月,韩信打败了齐国的历下守军,随后一直打到齐国的都城临淄。齐王田广认为郦食其出卖了自己,就煮杀了他。然后领兵向东逃往高密,派使者到楚国去请求救援。田横逃奔博阳,田光逃奔

汉武帝设置乐府,令司马相如等吟诗作赋,以宦者李延年为协律都尉,掌制乐谱,训练乐工,采集民歌。

…… 前120年

楚汉相争 > | 半壁江山 > | 卷十 ◎ 汉纪二

城阳,将军田既驻扎在胶东。

楚国大司马曹咎驻守成皋,汉军屡次挑战,楚军只是坚守不出。汉军于是派人到阵前百般辱骂曹咎,一连几天,激得曹咎暴怒,便领兵横渡汜水。楚国的士兵刚渡过一半,汉军就发起攻击,大败楚军,缴获了楚国的全部金银玉器和财物,曹咎和长史司马欣都在汜水之畔自杀身亡。汉王随即领兵渡过黄河,再次收复成皋,驻扎到广武,取用敖仓的粮食作军粮。

项羽攻下了梁地十多个城邑后,听说成皋又被攻破,就率军返回。这时汉军正在荥阳东面围攻钟离眛,听说项羽大军到了,就全部撤往险要的地方。项羽也在广武驻扎下来,与汉军对峙。这样过了几个月,楚军粮食短缺。项羽很是担忧,便架设肉案,把刘邦的父亲放到上面,通告汉王说:"今日你如不赶快投降,我就煮杀了太公!"汉王道:"我曾与你一起面向北作为臣子接受楚怀王的命令,盟

张良拜师图 张良是西汉高祖刘邦的军师,从小就立下推翻暴秦统治的宏愿。拾履而拜黄石公为师,得授天书的故事虽然是传说,说明了其虚心好学的优点。

前119年……

张骞再次出使西域，使中原与西南的交通再次开通。卫青、霍去病再次大败匈奴，匈奴退至大漠西北。

楚汉相争 > ｜ 半壁江山 > ｜ 卷十◎汉纪二

誓结为兄弟，因此我的父亲就犹如你的父亲。倘若你一定要煮杀你的父亲，那么望你也分给我一杯肉羹！"项羽怒不可遏，想要杀掉太公。项伯说："天下的事情不可预料。况且有志争夺天下的人是不顾及自己家人的，即使杀了太公也没什么好处，不过徒增祸患罢了！"项羽听从了他的话。

【原文】

项王谓汉王曰："天下匈匈数岁者，徒以吾两人耳。愿与汉王挑战，决雌雄，毋徒苦天下之民父子为也！"汉王笑谢曰："吾宁斗智，不能斗力！"项王三令壮士出挑战，汉有善骑射者楼烦辄射杀之。项王大怒，乃自被甲持戟挑战。楼烦欲射之，项王瞋目叱之，楼烦目不敢视，手不敢发，遂走还入壁，不敢复出。汉王使人间问之，乃项王也，汉王大惊。

于是项王乃即汉王，相与临广武间而语。羽欲与汉王独身挑战。汉王数羽曰："羽负约，王我于蜀、汉，罪一；矫杀卿子冠军，罪二；救赵不还报，而擅劫诸侯兵入关，罪三；烧秦宫室，掘始皇帝冢，收私其财，罪四；杀秦降王子婴，罪五；诈坑秦子弟新安二十万，罪六；王诸将善地而徙逐故主，罪七；出逐义帝彭城，自都之，夺韩王地，并王梁、楚，多自与，罪八；使人阴杀义帝江南，罪九；为政不平，主约不信，天下所不容，大逆无道，罪十也。吾以义兵从诸侯诛残贼，使刑余罪人击公，何苦乃与公挑战！"羽大怒，伏弩射中汉王。汉王伤胸，乃扪足曰："虏中吾指。"汉王病创卧，张良强请汉王起行劳军，以安士

大司马大将军卫青去世，谥为烈侯。汉武帝命人在自己的茂陵东边为卫青修建了一座墓。

前106年

楚汉相争 > ｜半壁江山 > ｜卷十◎汉纪二

卒，毋令楚乘胜。汉王出行军，疾甚，因驰入成皋。

【译文】

项羽对汉王说："天下沸沸扬扬地闹腾了好几年了，只是由于我们两个人相持不下的缘故。现在我愿意向你挑战，一决雌雄，不要再让天下的老百姓白白地忍受煎熬了！"汉王笑着推辞道："我宁肯斗智，不肯斗力！"项羽便连着三次命楚军壮士出阵挑战，但每次都被汉军营中善于骑射的楼烦射杀了。项羽因此勃然大怒，就亲自披甲持戟上阵挑战。楼烦又想射项羽，项羽见状，愤怒地瞪大眼睛厉声呵斥，使楼烦双眼不敢直视项羽的目光，双手不敢张弓发箭，随即奔回营垒，不敢再露面了。汉王派人悄悄地探听那挑战者是谁，才知道竟是项羽本人，汉王为此大吃一惊。

这时项羽便靠近汉王，相互隔着广武间对话。项羽想要单独向汉王挑战。汉王历数项羽的罪过说："你违背先约，封我到蜀、汉为王，这是第一条罪状；假托怀王的命令，杀害卿子冠军宋义，是第二条罪状；救赵之后不回报怀王，竟擅自胁迫诸侯军入关，是第三条罪状；焚烧秦朝官室，掘毁秦始皇陵墓，盗取财物据为私有，是第四条罪状；诛杀已经归降的秦王子婴，是第五条罪状；采用欺诈手段，在新安活埋了已归顺的二十万秦兵，是第六条罪状；把好的地方封给各个将领，却迁徙放逐原来的诸侯王，是第七条罪状；将义帝逐出彭城，自己在那里建都，侵夺韩王的封地，并在梁、楚之地称王称霸，竭力扩充自己的地盘，是第八条罪状；派人到江南暗杀了义帝，是第九条罪状；执政不公平，主持盟约不守信义，为天下所不容，实属大

前106年……

为遏制州郡势力,汉武帝设置豫、冀、徐、青、荆、扬、益、凉、并、幽、兖、朔方、交趾十三州。

楚汉相争 > | 半壁江山 > | 卷十◎汉纪二

逆不道,是第十条罪状。如今我率领正义的军队随从各诸侯一起征讨你这残虐的贼子,只需让那些受过刑罚的罪犯来攻打你就行了,又何苦要与你单独挑战呢!"项羽闻言大怒,用暗伏的弩箭射中了汉王。汉王胸部负伤,却摸着脚说:"这贼子射中我的脚趾了!"汉王因受创伤而卧床休息,张良却坚持请他起身去军中抚慰将士,以安定军心,不要让楚军乘势取胜。汉王于是出去巡视军营,但终因伤势加重而赶赴成皋养伤。

汉武帝派苏武出使匈奴。后来苏武因副使滋事被扣留,拒不投降,牧羊19年后才得以归汉。

…… 前100年

楚汉相争 > ｜ 垓下悲歌 > ｜ 卷十一◎汉纪三

垓下悲歌（卷十一◎汉纪三）

【原文】

汉高祖五年（己亥，公元前202年）

十二月，项王至垓下，兵少，食尽，与汉战不胜，入壁；汉军及诸侯兵围之数重。项王夜闻汉军四面皆楚歌，乃大惊曰："汉皆已得楚乎？是何楚人之多也？"则夜起，饮帐中，悲歌慷慨，泣数行下；左右皆泣，莫能仰视。于是项王乘其骏马名骓，麾下壮士骑从者八百余人，直夜，溃围南出驰走。平明，汉军乃觉之，令骑将灌婴以五千骑追之。项王渡淮，骑能属者才百余人。至阴陵，迷失道，问一田父，田父绐曰："左。"左，乃陷大泽中，以故汉追及之。

【译文】

汉高祖五年（己亥，公元前202年）

十二月，项羽到了垓下，兵少粮尽，与汉军交战未能取胜，便退入营垒固守。这时汉军和诸侯的军队将项羽的军营重重包围了起来。项羽在晚上听到汉军四面都唱起楚歌，就大惊道："汉军已经全部得到楚国的土地了吗？为什么楚人这么多啊？"便连夜起身，在帐中饮酒，慷慨悲歌，泪下数行。侍从人员见状也都纷纷哭泣，都不忍心抬头观看。项羽于是骑上他的名叫骓的骏马，部下壮士骑马相随的有八百多人，乘夜突破汉军的包围往南奔驰。天大亮时，汉军才发觉，汉王便命令骑将灌婴率五千名骑兵追赶。项羽渡过淮河，相随的骑兵能跟得上他的才一百多人。到达阴陵后，项羽一行人迷了路，就向一

前81年

汉举行"盐铁会议",会议取消了酒的专卖和关内铁官,调整官营政策。桓宽整理成《盐铁论》60篇。

楚汉相争 > | 垓下悲歌 > | 卷十一◎汉纪三

个农夫问路,农夫骗他说:"往左。"项羽等往左走,却陷进了大沼泽地中,汉军因此便追上了他们。

【原文】

于是项王欲东渡乌江,乌江亭长舣船待,谓项王曰:"江东虽小,地方千里,众数十万人,亦足王也。愿大王急渡!今独臣有船,汉军至,无以渡。"项王笑曰:"天之亡我,我何渡为!且籍与江东子弟八千人渡江而西,今无一人还;纵江东父兄怜而王我,我何面目见之!纵彼不言,籍独不愧于心乎!"乃以所乘骓马赐亭长,令骑皆下马步行,持短兵接战。独籍所杀汉军数百人,身亦被十余创。顾见汉骑司马吕马童,曰:"若非吾故人乎?"马童面之,指示中郎骑王翳曰:"此项王也!"项王乃曰:"吾闻汉购我头千金,邑万户,吾为若德。"乃刎而死。王翳取其头,余骑相蹂践争项王,相杀者数十人。最其后,杨喜、吕马童及郎中吕胜、杨武各得其一体。五人共会其体,皆是,故分其户,封五人皆为列侯。

楚地悉定,独鲁不下,汉王引天下兵欲屠之。至其城下,犹闻弦诵之声;为其守礼义之国,为主死节,乃持项王头以示鲁父兄,鲁乃降。汉王以鲁公礼葬项王于谷城,亲为发哀,哭之而去。诸项氏枝属皆不诛,封项伯等四人皆为列侯,赐姓刘氏,诸民略在楚者皆归之。

【译文】

这时项羽想要东渡乌江,乌江亭长把船停泊在岸边等着他,并对项羽说:"江东虽然狭小,土地方圆千里,民众几十万人,却也足够用以称王的了。望大王您火速渡江!现在只有我有船,汉军到来,

发现"烹茶尽具""武阳买茶"等记载，表明四川一带已有茶叶作为商品出现，这是最早的茶叶商贸。

前59年

楚汉相争 > ｜ 垓下悲歌 > ｜ 卷十一◎汉纪三

无船渡江。"项羽笑着说："上天要灭亡我，我还要渡江干什么呀！况且我与江东子弟八千人渡江西征，而今没有一个人归还，纵使江东父老怜爱我，仍然以我为王，我又有什么脸面去见他们啊！即便他们不说什么，难道我就不感到心中有愧吗！"于是就把自己所骑的骏马骓送给了亭长，命令他的骑兵都下马步行，手持短兵器与汉军交战。仅项羽一人就杀死了汉军几百人，项羽自己也身受十多处伤。这时项羽回头看见了汉军骑司马吕马童，就说："你不是我的老朋友吗？"吕马童背过脸，指给中郎骑王翳说："这就是项王！"项羽便说道："我听说汉王悬赏千金买我的头颅，分给万户的封地，我就留给你一些恩德。"便自刎而死。王翳随即取下项羽的头颅，其余的骑兵便相互践踏着争抢项羽的躯体，互相残杀而死的有几十个人。到了最后，杨喜、吕马童和郎中吕胜、杨武各夺得项羽的一部分肢体。五个人把项羽的肢体会合拼凑到一起，都对得上，因此刘邦便分割原来悬赏的万户封地，将五人都封为列侯。

　　楚地全部平定了，唯独鲁县仍坚守不降，汉王刘邦率领天下的兵马，打算屠灭它。大军抵达城下，仍然能听到城中礼乐弦诵的声音。由于原来是鲁公，鲁县是信守礼义的故国，为自己的君主尽忠守节，汉军便拿出项羽的头颅给鲁县的父老看，鲁县这才投降。汉王用葬鲁公的礼仪把项羽埋葬在谷城，并亲自为项羽发丧举哀，哭了一阵后离去。对项羽的家族亲属都不加杀害，还把项伯等四人都封为列侯，赐他们刘姓，将过去被掳掠到楚国来的百姓们仍归他们统治。

大汉天下

景卢从大月氏王使臣伊存受浮屠经,这是佛教思想传入我国的最早文献记录。

前2年

大汉天下 > 吕后弄权 > 卷十二◎汉纪四

吕后弄权(卷十二◎汉纪四)

【原文】

汉惠帝元年(丁未,公元前194年)

冬,十二月,帝晨出射。赵王少,不能蚤起,太后使人持鸩饮之。黎明,帝还,赵王已死。太后遂断戚夫人手足,去眼,煇耳,饮喑药,使居厕中,命曰"人彘"。居数日,乃召帝观"人彘"。帝见,问知其戚夫人,乃大哭,因病,岁余不能起。使人请太后曰:"此非人所为。臣为太后子,终不能治天下。"帝以此日饮为淫乐,不听政。

【译文】

汉惠帝元年(丁未,公元前194年)

冬季,十二月,惠帝凌晨便出去打猎。赵王因为年纪小,不能早起同去,吕太后便派人拿着毒酒让赵王喝。黎明惠帝回宫时,赵王已经死了。吕太后又下令砍断戚夫人的手、脚,挖去眼珠,熏聋耳朵,喝哑药,让她待在厕所里,称她为"人彘"。过了几天,吕太

吕后

资治通鉴

〇四六

前1年

汉哀帝死,平帝即位,太皇太后临朝,外戚王莽秉政。

大汉天下 > | 吕后弄权 > | 卷十二◎汉纪四

后便召惠帝来看"人彘"。惠帝见后,问知这就是戚夫人,便大哭起来,从此患病,一年多不能起身。他派人向吕太后请求说:"这种事不是人做的。我虽然是太后您的儿子,到底还是治不了这个天下。"惠帝因此每天饮酒淫乐,不理政事。

皇后之玺 此玺在汉高祖长陵附近发现,印面阴刻篆文"皇后之玺"四字,应是吕后生前的御用之宝。

梓潼人哀章作铜匮，托高祖遗命，言"王莽为真天子"。十二月，王莽篡位，改国号"新"，西汉亡。

公元8年

大汉天下 > 匈汉和亲 > 卷十二◎汉纪四

匈汉和亲（卷十二◎汉纪四）

【原文】

汉惠帝三年（己酉，公元前192年）

惠帝以宗室女为公主，嫁匈奴冒顿单于。是时，冒顿方强，为书，使使遗高后，辞极亵嫚。高后大怒，召将相大臣，议斩其使者，发兵击之。樊哙曰："臣愿得十万众横行匈奴中！"中郎将季布曰："哙可斩也！前匈奴围高帝于平城，汉兵三十二万，哙为上将军，不能解围。今歌吟之声未绝，伤夷者甫起，而哙欲摇动天下，妄言以十万众横行，是面谩也。且夷狄譬如禽兽，得其善言不足喜，恶言不足怒也。"高后曰："善！"令大谒者张释报书，深自谦逊以谢之，并遗以车二乘，马二驷。冒顿复使使来谢，曰："未尝闻中国礼义，陛下幸而赦之。"因献马，遂和亲。

【译文】

汉惠帝三年（己酉，公元前192年）

惠帝以宗室女子作为公主，嫁给匈奴冒顿单于。当时，冒顿正强大，写信派人送给吕太后，言辞极为亵侮傲慢。吕太后大为愤怒，召集将相大臣，商议要杀掉匈奴来使，发兵攻打。樊哙说："我愿意率领十万军队去横扫匈奴！"中郎将季布却说："樊哙可以处死！以前匈奴把高祖包围在平城，樊哙身为上将军而不能解围。如今四方百姓哀苦之声尚未断绝，受伤兵士刚能起身，而樊哙却想搞乱天下，妄称以十万军队横扫

公元23年

绿林军受围于昆阳,刘秀前来救援,大破王莽军,摧毁王莽主力。建九庙两年后,王莽被杀,新朝覆灭。

大汉天下 > | 匈汉和亲 > | 卷十二◎汉纪四

匈奴,这是当面说谎!况且,匈奴好比禽兽一般,听了他们的好话不必高兴,听了他们的谩骂也不值得生气。"吕太后说:"说得对!"便派大谒者张释送去回信,十分谦逊地致以歉意,并送给匈奴单于两辆车、八匹马。冒顿接信后又派使臣前来道歉,说:"我们从不知道中国的礼仪,感谢陛下的宽恕。"于是献上马匹,与汉朝和亲为好。

刘秀重建汉朝,建元建武,这就是东汉,刘秀自称汉光武帝。十月,汉光武帝率军攻下洛阳,定为都城。

公元25年

大汉天下 > 　文帝之治 > 　卷十五◎汉纪七

文帝之治(卷十五◎汉纪七)

【原文】

汉文帝后七年(甲申,公元前157年)

夏,六月,己亥,帝崩于未央宫。乙巳,葬霸陵。

帝即位二十三年,宫室、苑囿、车骑、服御,无所增益;有不便,辄弛以利民。尝欲作露台,召匠计之,直百金。上曰:"百金,中人十家之产也。吾奉先帝宫室,常恐羞之,何以台为!"身衣弋绨;所幸慎夫人,衣不曳地;帷帐无文绣;以示敦朴,为天下先。治霸陵,皆瓦器,不得以金、银、铜、锡为饰,因其山,不起坟。吴王诈病不朝,赐以几杖。群臣袁盎等谏说虽切,常假借纳用焉。张武等受赂金钱,觉,更加赏赐以愧其心。专务以德化民。是以海内安宁,家给人足,后世鲜能及之。

【译文】

(西汉)车马人物彩绘铜镜

汉文帝后七年(甲申,公元前157年)

夏季,六月,己亥(初一),文帝在未央宫去世。乙巳(初七),文帝被安葬在霸陵。

文帝即位以来,历时二十三年,宫室、园林、车骑仪仗、服饰器具等,都

公元50年

《九章算术》经历了漫长的过程，由多人逐步删改、修补，最后定本，标志着我国古代数学体系的形成。

大汉天下 > | 文帝之治 > | 卷十五◎汉纪七

没有增加；有对百姓不便的禁令条例，就予以废止以利于民众。文帝曾想修建一个露台，召来工匠计算，需花费一百斤黄金。文帝说："一百斤黄金，相当于中等民户十家财产的总和。我居住着先帝的宫室，经常惧怕使它蒙羞，还修建露台干什么呢！"文帝自己身穿黑色的粗丝衣服，他宠爱的慎夫人所穿的衣服也不拖到地面；所用的帷帐都不刺绣花纹；以显示朴素，为天下人做出表率。修建霸陵，都使用陶制器物，不准用金、银、铜、锡装饰，利用山陵形势，不另外兴建高大的坟堆。吴王刘濞伪称有病，不来朝见，文帝反而赐给他几案和手杖。群臣之中，袁盎等人的进谏言辞激烈而尖锐，文帝常常予以宽容并采纳他们的批评意见。张武等人接受金钱贿赂，事情被觉察后，文帝反而赏赐他们钱财，使他们心中愧疚。他全力以德政去教化百姓。所以，国家安宁，百姓富裕，后世很少能做到这一点。

汉文帝刘恒

汉大将窦固等出击匈奴，使者班超第一次出使西域，西域50余国归降东汉。

公元73年

大汉天下 ＞　　武帝崇仙 ＞　　卷十八 ◎ 汉纪十

武帝崇仙（卷十八◎汉纪十）

【原文】

汉武帝刘彻

汉武帝元光二年（戊申，公元前133年）

冬，十月，上行幸雍，祠五畤。

李少君以祠灶却老方见上，上尊之。少君者，故深泽侯舍人，匿其年及其生长，其游以方遍诸侯，无妻子。人闻其能使物及不死，更馈遗之，常余金钱、衣食。人皆以为不治生业而饶给，又不知其何所人，愈信，争事之。少君善为巧发奇中。尝从武安侯饮，坐中有九十余老人，少君乃言与其大父游射处；老人为儿时从其大父，识其处，一坐尽惊。少君言上曰："祠灶则致物，致物而丹沙可化为黄金，寿可益，蓬莱仙者可见；见之，以封禅则不死，黄帝是也。臣尝游海上，见安期生，食臣枣，大如瓜。安期生仙者，通蓬莱中，合则见人，不合则隐。"于是天子始亲祠灶，遣方士入海求蓬莱安期生之属，而事化丹沙诸药齐为黄金矣。居久之，李少君病死，天子以为化去，不死；而海上燕、齐怪迂之方士多更来言神事矣。

【译文】

汉武帝元光二年（戊申，公元前133年）

冬季，十月，武帝来到雍地，在五畤举行祭祀。

公元75年

明帝死，章帝即位。天下很安定，百业兴旺，史称"明章之治"。

大汉天下 > 武帝崇仙 > 卷十八◎汉纪十

李少君凭借祭祀灶神求长生不老的方术觐见武帝，武帝很尊敬他。李少君是已去世的深泽侯的舍人，他隐瞒了自己的年龄、出生成长的地方，凭借着他的方术周游结交诸侯，没有妻子儿女。人们听说李少君能役使鬼神万物，并有长生不老的方术，纷纷赠送财礼给他，所以他经常有余剩的金钱和衣食用品。人们都认为他不经营产业却很富裕，又不知他是什么地方的人，更加相信他，争着侍奉他。李少君善于用巧妙的语言猜中一些离奇的事情。他曾经陪武安侯饮酒，座中有位九十多岁的老人，李少君就说起与老人的祖父一起游玩射猎的地方；老人还是儿童时曾跟随祖父，记得那个地方，满座的客人都大吃一惊。李少君对武帝说："祭祀灶神就能招来奇异之物，招来了奇异之物就可以使丹砂化为黄金，可以延年益寿，可以见到蓬莱的仙人。见到仙人，进而举行封禅仪式，就可以长生不死，黄帝就是这样的。我曾经在海上漫游，遇见了安期生，他给我枣吃，那枣如同瓜一般大。安期生是仙人，往来于蓬莱仙境，谁和他合，他就现身相见；谁和他不合，他就隐身不见。"于是武帝就开始亲自祭祀灶神，派遣方士到大海中去寻找蓬莱安期生之类的仙人，并且从事熔化丹砂和其他药物，企图炼出黄金。过了很久，李少君病死，武帝认为他化身成仙，并没有死去。因此，燕地、齐地等沿海地区那些怪诞迂谬的方士，纷纷前来对武帝谈论有关神仙的事情了。

铜奔马

许慎整理了战国以来的汉字,总结了先秦、两汉的文学成果,用毕生精力撰写完成文字学巨著《说文解字》。

公元100年

大汉天下 > 　四海臣服 > 　卷二十七◎汉纪十九

四海臣服（卷二十七◎汉纪十九）

【原文】

汉宣帝甘露三年（庚午，公元前51年）

匈奴呼韩邪单于来朝，赞谒称藩臣而不名；赐以冠带、衣裳，黄金玺、盭绶，玉具剑、佩刀、弓一张，矢四发，棨戟十，安车一乘，鞍勒一具，马十五匹，黄金二十斤，钱二十万，衣被七十七袭，锦绣、绮縠、杂帛八千匹，絮六千斤。礼毕，使使者道单于先行宿长平。上自甘泉宿池阳宫。上登长平阪，诏单于毋谒，其左右当户皆得列观，及诸蛮夷君长、王、侯数万，咸迎于渭桥下，夹道陈。上登渭桥，咸称万岁。单于就邸长安。置酒建章宫，飨赐单于，观以珍宝。二月，遣单于归国。单于自请："愿留居幕南光禄塞下；有急，保汉受降城。"汉遣长乐卫尉、高昌侯董忠、车骑都尉韩昌将骑万六千，又发边郡士马以千数，送单于出朔方鸡鹿塞。诏忠等留卫单于，助诛不服，又转边谷米糒，前后三万四千斛，给赡其食。先是，自乌孙以西至安息诸国近匈奴者，皆畏匈奴而轻汉，及呼韩邪单于朝汉后，咸尊汉矣。

【译文】

汉宣帝甘露三年（庚午，公元前51年）

匈奴呼韩邪单于前来朝见，拜见汉宣帝时，自称藩臣而不称名字。汉宣帝赐给他冠带、官衣服、黄金印玺、绿色绶带、玉石装饰的宝剑、佩刀、一张弓、四十八支箭，十支有戟套的长戟，安车一辆，马鞍马辔

公元104年…

> 司马迁在主持历法修改工作的同时,正式动手写他的伟大著作《史记》。

大汉天下 > | **四海臣服 >** | **卷二十七◎汉纪十九**

一套,马十五匹,黄金二十斤,钱二十万,衣衫被褥七十七套,锦绣、绸缎、各种细绢八千匹,丝绵六千斤。朝会典礼结束后,汉宣帝派使臣带领单于先至长平阪住宿,自己也从甘泉前往池阳宫住宿。汉宣帝登上长平阪,下诏命单于不必参拜,允许单于左右的大臣列队观瞻,蛮夷各国的国君、各诸侯王、列侯等数万人,全部来到渭桥下夹道迎接。汉宣帝登上渭桥,众人齐呼万岁。过后单于到长安居住。

飞将军李广

汉宣帝在建章宫设酒宴款待单于,请他观赏珍宝。二月,送单于回国。单于自己请求:"希望留居于大沙漠之南的光禄塞下,遇有紧急情况,退入汉受降城自保。"汉宣帝长乐卫尉、高昌侯董忠、车骑都尉韩昌率领骑兵一万六千,又征发边疆各郡数以千计的士兵、马匹,送单于出朔方郡鸡鹿塞。下诏命董忠等留下保卫单于,帮助单于征讨不服其统治的匈奴人。又转运边疆的谷米干粮,前后共三万四千斛,供给匈奴人食用。以前,自乌孙以西直到安息,与匈奴接近的西域各国,全都畏惧匈奴,轻视汉朝,自呼韩邪单于至汉朝朝见后,则全部遵从汉朝号令了。

张衡创制浑天仪，用来演示天体运行，浑天仪由支架和空铜球组成，球上刻有二十八星宿及星宫图。

公元117年

大汉天下 > 王莽篡权 > 卷三十五—三十七 ◎ 汉纪二十八

王莽篡权（卷三十五—三十七 ◎ 汉纪二十八）

【原文】

始初元年（戊辰，公元8年）

莽将即真，先奉诸符瑞以白太后，太后大惊。是时以孺子未立，玺臧长乐宫。及莽即位，请玺，太后不肯授莽。莽使安阳侯舜谕指。舜素谨敕，太后雅爱信之。舜既见太后，太后知其为莽求玺，怒骂之曰："而属父子宗族，蒙汉家力，富贵累世，既无以报，受人孤寄，乘便利时夺取其国，不复顾恩义。人如此者，狗猪不食其余，天下岂有而兄弟邪！且若自以金匮符命为新皇帝，变更正朔、服制，亦当自更作玺，传之万世，何用此亡国不祥玺为，而欲求之！我汉家老寡妇，旦暮且死，欲与此玺俱葬，终不可得！"太后因涕泣而言，旁侧长御以下皆垂涕。舜亦悲不能自止，良久，乃仰谓太后："臣等已无可言者。莽必欲得传国玺，太后宁能终不与邪？"太后闻舜语切，恐莽欲胁之，乃出汉传国玺投之地，以授舜曰："我老已死，如而兄弟今族灭也！"舜既得传国玺，奏之；莽大说，乃为太后置酒未央宫渐台，大纵众乐。

莽又欲改太后汉家旧号，易

王莽篡位

公元132年…

太史令张衡以精铜制造成地动仪,这是世界上第一台地震测量仪器,并成功地测出几年后的陇西地震。

大汉天下 > | **王莽篡权 >** | 卷三十五—三十七 ◎ 汉纪二十八

其玺绶,恐不见听;而莽疏属王谏欲谄莽,上书言:"皇天废去汉而命立新室,太皇太后不宜称尊号,当随汉废,以奉天命。"莽以其书白太后,太后曰:"此言是也!"莽因曰:"此悖德之臣也,罪当诛!"于是冠军张永献符命铜璧文,言太皇太后当为新室文母太皇太后;莽乃下诏从之。于是鸩杀王谏而封张永为贡符子。

【译文】

始初元年(戊辰,公元8年)

王莽将要即位当真皇帝,先捧来各种符命祥瑞向太皇太后报告,太皇太后大吃一惊。这时,因孺子刘婴并没有即位,所以皇帝玉玺仍放在太皇太后所住的长乐宫。等到王莽即位,向太皇太后请求交出玉玺,太皇太后不肯给。王莽让安阳侯王舜规劝。王舜一向谨慎恭敬,太皇太后平素喜欢他、信任他。王舜见到了太皇太后,太皇太后知道他是为王莽索求玉玺,怒骂他说:"你们父子宗族,靠着汉朝的力量几代富贵,不但没有回报,反而利用人家托孤寄子的机会夺取政权,不顾念恩义。这样的人,连猪狗都不吃他剩余的东西,天下难道会容下你们兄弟吗!而且你们自己以金匮符命当新皇帝,改变历法,改变车马、服饰颜色,改变制度,也应该自己另刻玉玺,使它传到万世,用这个亡国不祥的玉玺做什么!我是汉朝的老寡妇,早晚都要死,打算跟玉玺一同埋葬,你们终究得不到!"太皇太后一面说,一面哭泣。身边的常侍随从及下面的人都跟着哭泣。王舜也哀恸落泪,不能自止。过了很久,王舜才抬头向太皇太后说:"我等已无话可说,只是王莽一定要得到传国玉玺,太后难道能够最终不给他吗?"太皇太

张陵卒。他曾在四川创五斗米道，因信奉该道的人必须出五斗米而得名。张陵被后世道教徒奉为道教创始人。

公元156年

大汉天下 > | **王莽篡权 >** 卷三十五—三十七 ◎ 汉纪二十八

后听王舜的话恳切，又怕王莽用暴力胁迫，于是拿出汉朝的传国玉玺扔到地上，对王舜说："待我老死后，你们兄弟将会被灭族！"王舜得到传国玉玺后，报告王莽。王莽万分喜悦，于是为太皇太后在未央宫渐台设酒宴，让众人纵情欢乐。

王莽又打算改变太皇太后在汉朝时的旧封号，更换她的印玺绶带，但又怕她拒绝。王莽的远族王谏打算向王莽献媚，上奏说："皇天废除汉朝，而命令建立新朝，太皇太后不宜再称尊号，应该跟汉朝同时废除，顺应天命。"王莽把奏章呈报太后，太皇太后说："此话有理！"王莽于是说："这是违背德义之臣，罪当杀！"这时冠军县人张永呈献璧形铜片，上有符命文字，说太皇太后应称为新室文母太皇太后。王莽下诏接受。于是用鸩酒毒死王谏，封张永为贡符子。

公元168年…

> 第二次党锢之祸发生，曹节等兴大狱，诛异己，李膺、范滂等被杀。张角创太平道，意在天下太平。

大汉天下 > 张角起义 > 卷五十八◎汉纪五十

张角起义（卷五十八◎汉纪五十）

【原文】

汉灵帝光和六年（癸亥，公元183年）

初，巨鹿张角奉事黄、老，以妖术教授，号"太平道"。咒符水以疗病，令病者跪拜首过，或时病愈，众共神而信之。角分遣弟子周行四方，转相诳诱，十余年间，徒众数十万，自青、徐、幽、冀、荆、扬、兖、豫八州之人，莫不毕应。或弃卖财产、流移奔赴，填塞道路，未至病死者亦以万数。郡县不解其意，反言角以善道教化，为民所归。

【译文】

汉灵帝光和六年（癸亥，公元183年）

最初，巨鹿人张角信奉黄帝、老子，以法术和咒语等传授门徒，号称"太平道"。他用念过咒语的符水治病，先让病人下跪，说出自己所犯的错误，然后让他喝下符水。有些病人竟然就此痊愈，于是，人们将他信奉如神明。张角派他的弟子走遍四方，不断诳骗引诱，十余年的时间，信徒多达数十万，青州、徐州、幽州、冀州、荆州、扬州、兖州和豫州等八州之人，无不响应。有的信徒卖掉自己的家产，前往投奔张角，这些人塞满了道路，尚未到达而死在途中的也数以万计。郡、县的官员不了解张角的真实意图，反而讲张角以善道教化百姓，因而为百姓所拥戴。

张角发动起义,打出了"苍天已死,黄天当立"的口号,矛头直指东汉政府,史称"黄巾起义"。

公元184年

大汉天下 >　**张角起义 >**　卷五十八◎汉纪五十

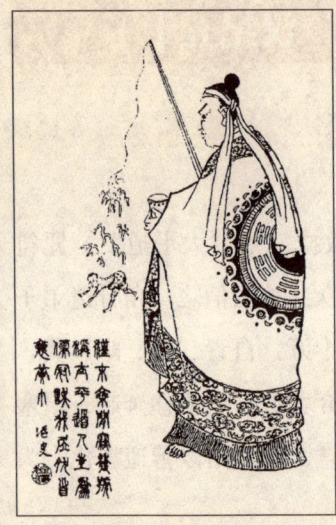

黄巾大起义的领导人张角

【原文】

角遂置三十六方。方,犹将军也。大方万余人,小方六七千,各立渠帅。讹言:"苍天已死,黄天当立,岁在甲子,天下大吉。"以白土书京城寺门及州郡官府,皆作"甲子"字。大方马元义等先收荆、扬数万人,期会发于邺。元义数往来京师,以中常侍封谞、徐奉等为内应,约以三月五日内外俱起。

【译文】

张角设置三十六个方。方,犹如将军。大方统率一万余人,小方统率六七千人,各立首领。他宣称:"苍天已死,黄天当立,岁在甲子,天下大吉。"并用白土在京城洛阳各官署及各州、郡官府的大门上都写上"甲子"二字。计划由大方马元义等先集结荆州、扬州的党徒数万人,按期会合,在邺城起事。马元义多次前往京城洛阳,以中常侍封谞、徐奉等人为内应,约定于次年的三月五日,京城内外同时发动。

三国鼎立

东汉司徒王允巧施美人连环计,利用貂蝉勾起吕布的醋意,最终杀掉董卓。

公元192年

三国鼎立 > 官渡之战 > 卷六十三◎汉纪五十五

官渡之战(卷六十三◎汉纪五十五)

【原文】

汉献帝建安五年(庚辰,公元200年)

冬,十月,绍复遣车运谷,使其将淳于琼等将兵万余人送之,宿绍营北四十里。沮授说绍:"可遣蒋奇别为支军于表,以绝曹操之钞。"绍不从。

许攸曰:"曹操兵少而悉师拒我,许下余守,势必空弱。若分遣轻军,星行掩袭,许可拔也。许拔,则奉迎天子以讨操,操成擒矣。如其未溃,可令首尾奔命,破之必也。"绍不从,曰:"吾要当先取操。"会攸家犯法,审配收系之,攸怒,遂奔操。

操闻攸来,跣出迎之,抚掌笑曰:"子卿远来,吾事济矣!"既入坐,谓操曰:"袁氏军盛,何以待之?今有几粮乎?"操曰:"尚可支一岁。"攸曰:"无是,更言之!"又曰:"可支半岁。"攸曰:"足下不欲破袁氏邪,何言之不实也!"操曰:"向言戏之耳。其实可一月,为之奈何?"攸曰:"公孤军独守,外无救援而粮谷已尽,此危急之日也。袁氏辎重万余乘,在故市、乌巢,屯军无严备,若以轻兵袭之,不意而至,燔其积聚,不过三日,袁氏自败也。"

【译文】

汉献帝建安五年(庚辰,公元200年)

冬季,十月,袁绍又派大批车辆运粮草,让大将淳于琼等率领一万余人护送,停留在袁绍大营以北四十里处。沮授劝袁绍说:"可

公元196年…

兖川牧曹操强迫汉献帝到许都，自任司空，号令天下，史称"挟天子以令诸侯"。

三国鼎立 > 官渡之战 > 卷六十三◎汉纪五十五

派遣蒋奇率一支军队，在运粮队的外围巡逻，以防曹操派军袭击。"袁绍不听。

许攸说："曹操兵少，而集中全力来抵抗我军，许都由剩下的人守卫，防备一定空虚。如果派一支队伍轻装前进，连夜奔袭，可以攻陷许都。占领许都后，就奉迎天子以讨伐曹操，必能捉住曹操。假如他未立刻溃散，也能使他首尾不能兼顾，疲于奔命，一定可将他击败。"袁绍不同意，说："我一定要先捉住曹操。"正在这时，许攸家里有人犯法，留守邺城的审配将他们逮捕，许攸知道后大怒，就去投奔曹操。

曹操听说许攸前来，来不及穿鞋，光着脚出来迎接他，拍手笑着说："许子卿，你远道而来，我的大事可以成功了！"入座以后，许攸对曹操说："袁军势大，您有什么办法对付他？现在还有多少粮草？"曹操说："还可以支持一年。"许攸说："没有那么多，再说一次。"曹操又说："可以支持半年。"许攸说："您不想击败袁绍吗？为什么不说实话呢？"曹操说："刚才只是开玩笑罢了，其实只可应付一个月，怎么办呢！"许攸说："您孤军独守，外无救援，而粮草已尽，这是危急的关头。袁绍有一万多辆辎重车，在故市、乌巢，守军戒备不严密，如果派轻装部队袭击，出其不意，焚毁他们的粮草与军用物资，不出三天，袁绍大军就会自行溃散。"

【原文】

操大喜，乃留曹洪、荀攸守营，自将步骑五千人，皆用袁军旗

袁术从孙策手里夺得传国玉玺,在寿春自称皇帝,曹操起兵讨伐,灭掉袁术。

公元197年

三国鼎立 > | **官渡之战 >** 卷六十三◎汉纪五十五

帜,衔枚缚马口,夜从间道出,人抱束薪,所历道有问者,语之曰:"袁公恐曹操钞略后军,遣兵以益备。"闻者信以为然,皆自若。既至,围屯,大放火,营中惊乱。会明,琼等望见操兵少,出陈门外,操急击之,琼退保营,操遂攻之。

绍闻操击琼,谓其子谭曰:"就操破琼,吾拔其营,彼固无所归矣!"乃使其将高览、张郃等攻操营。郃曰:"曹公精兵往,必破琼等,琼等破,则事去矣,请先往救之。"郭图固请攻操营。郃曰:"曹公营固,攻之必不拔。若琼等见擒,吾属尽为虏矣。"绍但遣轻骑救琼,而以重兵攻操营,不能下。

绍骑至乌巢,操左右或言:"贼骑稍近,请分兵拒之。"操怒曰:"贼在背后,乃白!"士卒皆殊死战,遂大破之,斩琼等,尽燔其粮谷,杀士卒千余人,皆取其鼻,牛马割唇舌,以示绍军。绍军将士皆恟惧。郭图惭其计之失,复潜张郃于绍曰:"郃快军败。"郃忿惧,遂与高览焚攻具,诣操营降。曹洪疑不敢受,荀攸曰:"郃计画不用,怒而来奔,君有何疑!"乃受之。

【译文】:

曹操大喜,便留下曹洪、荀攸防守大营,亲自率领五千名步骑兵出击。军队一律用袁军的旗号,兵士嘴里衔着小木棍,把马嘴绑上,以防发出声音,夜里从小道出营,每人抱一捆柴草。经过的路上遇到有人盘问,就回答说:"袁公恐怕曹操袭击后方辎重,派兵去加强守备。"听的人信以为真,全都毫无戒备。军队到达乌巢后,围住袁军辎重,四面放火,袁军营中大乱。正在这时,天已渐亮,淳于琼等看到曹军兵少,

公元198年...

曹操设计杀掉吕布,封占据江东的孙策为吴侯。

三国鼎立 > | **官渡之战 >** | **卷六十三◎汉纪五十五**

就在营外摆开阵势,曹操进军猛击,淳于琼等抵挡不住,退守营寨,于是曹军开始进攻。

袁绍听到曹操袭击淳于琼的消息,对儿子袁谭说:"就算曹操攻破淳于琼,我去攻破他的大营,让他无处可归。"于是,派遣大将高览、张郃去攻打曹军大营。张郃说:"曹操亲率精兵前去袭击,必能攻破淳于琼等,他们一败,辎重被毁,则我军大势已去,请先去救援淳于琼。"郭图坚持要先攻曹操营寨。张郃说:"曹操营寨坚固,一定不能攻克。如果淳于琼等被捉,我们都将成为俘虏。"袁绍只是派轻兵去援救淳于琼,而派重兵进攻曹军大营,未能攻下。

袁绍增援的骑兵到达乌巢,曹操左右有人说:"敌人的骑兵逐渐靠近,请分兵抵抗。"曹操怒喝道:"敌人到了背后,再来报告!"曹军士兵都拼死作战,于是大破袁军,斩杀淳于琼等,烧毁袁军全部粮秣,将一千余名袁军士兵的鼻子全都割下,将所俘获的牛马的嘴唇、舌头也割下,拿给袁绍军队看。袁军将士看到后,大为恐惧。郭图因自己的计策失败,心中羞愧,就又去袁绍那里诬告张郃,说:"张郃听说我军失利,十分幸灾乐祸。"张郃听说后,又恨又怕,就与高览烧毁了攻营的器械,到曹营去投降。曹洪生怕中计,不敢接受他们投降。荀攸说:"张郃因为计策不为袁绍采用,一怒之下前来投奔,您有什么可怀疑的!"于是接受张郃、高览的投降。

【原文】

于是绍军惊扰,大溃,绍及谭等幅巾乘马,与八百骑渡河。操追

> 官渡之战,曹操以少胜多,打败袁绍十万大军,陆续攻占原属袁绍的冀、青、幽、并四州。

公元200年

三国鼎立 > | 官渡之战 > | 卷六十三◎汉纪五十五

之不及,尽收其辎重、图书、珍宝。余众降者,操尽坑之,前后所杀七万余人。

沮授不及绍渡,为操军所执,乃大呼曰:"授不降也,为所执耳!"操与之有旧,迎谓曰:"分野殊异,遂用圮绝,不图今日乃相禽也!"授曰:"冀州失策,自取奔北。授知力俱困,宜其见禽。"操曰:"本初无谋,不相用计,今丧乱未定,方当与君图之。"授曰:"叔父、母弟,县命袁氏,若蒙公灵,速死为福。"操叹曰:"孤早相得,天下不足虑也。"遂赦而厚遇焉。授寻谋归袁氏,操乃杀之。

操收绍书中,得许下及军中人书,皆焚之,曰:"当绍之强,孤犹不能自保,况众人乎!"

【译文】

于是,袁军惊恐,全面崩溃。袁绍与袁谭等戴着头巾,骑着快马,率领八百名骑兵渡过黄河而逃。曹军追赶不及,但缴获了袁绍的全部辎重、图书和珍宝。袁军残部投降,全部被曹操活埋,先后杀死的有七万余人。

沮授来不及跟上袁绍渡河逃走,被曹军俘虏,于是他大喊:"我不是投降,只是被擒!"曹操和他是老相识,亲自来迎接他,对他说:"咱们处在不同的地区,一直被隔开不能相见,想不到今天你会被我捉住。"沮授说:"袁绍失策,自取失败。我

曹操智胜袁绍

公元207年…

汉宗室、豫州牧刘备听徐庶之言,到隆中之地,三顾茅庐,请得诸葛亮出山相助。

三国鼎立 > | 官渡之战 > | 卷六十三◎汉纪五十五

的才智和能力全都无法施展,应当被擒。"曹操说:"袁绍缺乏头脑,不能采用你的计策。如今,天下战乱未定,我要与你一同创立功业。"沮授说:"我叔父与弟弟的性命都控制在袁绍手中。如果蒙您看重,就请快些杀我,这才是我的福气。"曹操叹息说:"我如果早就得到你,天下大事都不值得担忧了。"于是,赦免沮授,并给予他优厚待遇。不久,沮授策划逃回袁绍军中,曹操这才将他杀死。

曹操收缴袁绍的往来书信,得到许多官员及自己军中将领写给袁绍的信,他将这些信全部烧掉,说:"当袁绍强盛之时,连我都不能自保,何况众人呢!"

公元214年

刘备围攻成都,兵临益州城下,刘焉已死,其子刘璋投降,刘备自称益州牧。

三国鼎立 > 孙刘结盟 > 卷六十五◎汉纪五十七

孙刘结盟(卷六十五◎汉纪五十七)

【原文】

汉献帝建安十三年(戊子,公元208年)

曹操自江陵将顺江东下。诸葛亮谓刘备曰:"事急矣,请奉命求救于孙将军。"遂与鲁肃俱诣孙权。亮见权于柴桑,说权曰:"海内大乱,将军起兵江东,刘豫州收众汉南,与曹操共争天下。今操芟夷大难,略已平矣,遂破荆州,威震四海。英雄无用武之地,故豫州遁逃至此,愿将军量力而处之。若能以吴、越之众与中国抗衡,不如早与之绝;若不能,何不按兵束甲,北面而事之!今将军外托服从之名,而内怀犹豫之计,事急而不断,祸至无日矣。"权曰:"苟如君言,刘豫州何不遂事之乎?"亮曰:"田横,齐之壮士耳,犹守义不辱;况刘豫州王室之胄,英才盖世,众士慕仰,若水之归海。若事之不济,此乃天也,安能复为之下乎!"权勃然曰:"吾不能举全吴之地,十万之众,受制于人。吾计决矣!非刘豫州莫可以当曹操者;然豫州新败之后,安能抗此难乎?"亮曰:"豫州军虽败于长坂,今战士还者及关羽水军精甲万人,刘琦合江夏战士亦不下万人。曹操之众,远来疲敝,闻追豫州,轻骑一日一夜行三百余里,此所谓'强弩之末势不能穿鲁缟'者也。故《兵法》忌之,曰'必蹶上将军'。且北方之人,不习水战;又,荆州之民附操者,逼兵势耳,非心服也。今将军诚能命猛将统兵数万,与豫州协规同力,破操军必矣。操军破,必北还;如此,则荆、吴之势强,鼎足之形成矣。成败之机,在

公元215年…

孙权与刘备开始争夺荆州,最后决定将其平分,双方关系开始恶化。

三国鼎立 > | **孙刘结盟 >** | 卷六十五◎汉纪五十七

于今日!"权大悦,与其群下谋之。

【译文】

汉献帝建安十三年(戊子,公元208年)

曹操从江陵出发,将要顺长江东下。诸葛亮对刘备说:"形势危急,我请求奉命去向孙将军求救。"于是他就和鲁肃一起去见孙权。诸葛亮在柴桑见到孙权,对孙权说:"天下大乱,将军在长江以东起兵,刘备在汉水以南召集部众,与曹操共同争夺天下。现在,曹操基本已经消灭北方的主要强敌,接着南下攻破荆州,威震四海。在曹操大军面前,英雄无用武之地,所以刘备逃到这里,希望将军量力来加以安排。如果将军能以江东的人马,与占据中原的曹操相抗衡,不如及早与操断绝关系;如果不能,为什么不早点解除武装,向他称臣?现在,将军表面上服从朝廷,而心中犹豫不决,事情已到危急关头而不果断处理,大祸马上就要临头了。"孙权说:"假如像你说的那样,刘备为什么不服从曹操?"诸葛亮说:"田横,不过是齐国的壮士,还坚守节义,不肯屈辱投降;何况刘备是皇室后裔,英雄才略,举世无双,士大夫们对他的仰慕,如同流水归向大海。如果大事不成,这是天意,怎么能再居于曹操之下呢?"孙权勃然大怒,说:"我不能把全部吴国故地和十万精兵拱手奉送,去受曹操的控制。我的主意已定!不是除刘备以

鲁肃

孙权以少兵进犯合肥，曹操派张辽征讨。张辽用计袭破孙权后军，又以少兵击溃孙权十万大军。

公元216年

三国鼎立 > | 孙刘结盟 > | 卷六十五◎汉纪五十七

外，没有能抵挡曹操的人；但刘备新近战败之后，怎么能担当这项重任呢？"诸葛亮说："刘备的军队虽然在长坂大败，但现在陆续回来的战士和关羽的水军加起来有一万精兵，刘琦集结江夏郡的战士，也不下一万人。曹操的军队远道而来，已经疲惫。听说在追赶刘备时，轻骑兵一天一夜奔驰三百余里，这正是所谓'强弩射出的箭到了力量已尽的时候，连鲁国生产的薄绢都穿不透'。所以《兵法》以此为禁忌，说'必定会使上将军受挫'。而且，北方地区的人，不善于进行水战。另外，荆州地区的民众归附曹操，只是在他军队的威逼之下，并不是心悦诚服。如今，将军如能命令猛将统领数万大军，与刘备齐心协力，一定能打败曹军。曹操失败后，必然退回北方，这样荆州与东吴的势力就强大起来，可以形成鼎足三分的局势。成败的关键，就在于今天！"孙权听后非常高兴，就去与他的部属们商议。

三顾茅庐 刘备"三顾茅庐"延请诸葛亮的故事千古流传，经久不衰，充分体现了刘备求贤若渴的品德，他也成为后世重视人才的楷模。

【原文】

是时，曹操遗权书曰："近者奉辞伐罪，旌麾南指，刘琮束手。今治水军八十万众，方与将军会猎于吴。"权以示臣下，莫不响震失色。长史张昭等

公元219年…

刘备进军汉中,打败曹军,势力扩大,自称汉中王,任命诸葛亮为丞相。

三国鼎立 > | 孙刘结盟 > | 卷六十五◎汉纪五十七

曰:"曹公,豺虎也,挟天子以征四方,动以朝廷为辞;今日拒之,事更不顺。且将军大势可以拒操者,长江也;今操得荆州,奄有其地,刘表治水军,蒙冲斗舰乃以千数,操悉浮以沿江,兼有步兵,水陆俱下,此为长江之险已与我共之矣,而势力众寡又不可论。愚谓大计不如迎之。"鲁肃独不言。权起更衣,肃追于宇下。权知其意,执肃手曰:"卿欲何言?"肃曰:"向察众人之议,专欲误将军,不足与图大事。今肃可迎操耳,如将军不可也。何以言之?今肃迎操,操当以肃还付乡党,品其名位,犹不失下曹从事,乘犊车,从吏卒,交游士林,累官故不失州郡也。将军迎操,欲安所归乎?愿早定大计,莫用众人之议也!"权叹息曰:"诸人持议,甚失孤望。今卿廓开大计,正与孤同。"

【译文】

这时,曹操写信给孙权说:"最近,我奉天子之命,讨伐有罪的叛逆,军旗指向南方,刘琮降服。如今,我统领水军八十万人,将要与将军在吴地一决胜负。"孙权把这封书信给部属们看,他们无不惊惶失色。长史张昭等人说:"曹操是豺狼虎豹,挟持天子以征讨四方,动不动就用朝廷的名义来发布命令。今天我们如果进行抗拒,就更显得名不正而言不顺。况且将军可以抵

诸葛亮

关羽败走麦城,突围时被东吴擒住斩杀,因平生最重义气,后被看作忠义的象征。孙权占据荆州。

公元219年

三国鼎立 > **孙刘结盟 >** 卷六十五◎汉纪五十七

抗曹操的,是依靠长江天险。现在,曹操占有荆州的土地,刘表所训练的水军,包括数以千计的艨艟战船,已由曹操接管,曹操让全部船只沿长江而下,再加上步兵,水陆并进。这样,长江天险已由曹操与我们共有,而双方势力的众寡又不能相提并论。因此,依我们的愚见,最好是迎接曹操,投降朝廷。"只有鲁肃一言不发。孙权起身上厕所,鲁肃追到房檐下。孙权知道鲁肃的意思,握着鲁肃的手说:"你想说什么?"鲁肃说:"刚才,我观察众人的议论,只是想贻误将军,不足以与他们商议大事。现在,像我鲁肃这样的人可以迎降曹操,但将军却不可以。为什么这样说呢?现在我去迎接曹操,曹操一定会把我交给乡里父老去评议,以确定名位,也还会做一个下曹从事,能乘坐牛车,有吏卒跟随,与士大夫们结交,步步升官,也能当上州、郡的长官。可是将军迎接曹操,打算到哪里去安身呢?希望将军能早定大计,不要听那些人的意见。"孙权叹息说:"这些人的说法,太让我失望了。如今,你阐明的策略,正与我想的一样。"

公元222年…

刘备为报关羽的仇和夺回荆州，攻打吴国。吴将陆逊火烧连营，大败刘备于猇亭。

三国鼎立 > 赤壁鏖战 > 卷六十五◎汉纪五十七

赤壁鏖战（卷六十五◎汉纪五十七）

【原文】

汉献帝建安十三年（戊子，公元208年）

是夜，瑜复见权曰："诸人徒见操书言水步八十万而各恐慑，不复料其虚实，便开此议，甚无谓也。今以实校之，彼所将中国人不过十五六万，且已久疲；所得表众亦极七八万耳，尚怀狐疑。夫以疲病之卒御狐疑之众，众数虽多，甚未足畏。瑜得精兵五万，自足制之，愿将军勿虑！"权抚其背曰："公瑾，卿言至此，甚合孤心。子布、元表诸人，各顾妻子，挟持私虑，深失所望；独卿与子敬与孤同耳，此天以卿二人赞孤也。五万兵难卒合，已选三万人，船粮战具俱办。卿与子敬、程公便在前发，孤当续发人众，多载资粮，为卿从援。卿能办之者诚决，邂逅不如意，便还就孤，孤当与孟德决之。"遂以周瑜、程普为左右督，将兵与备并力逆操；以鲁肃为赞军校尉，助画方略。

刘备在樊口，日遣逻吏于水次候望权军。吏望见瑜船，驰往白备，备遣人尉劳之。瑜曰："有军任，不可得委署；傥能屈威，诚副其所望。"备乃乘单舸往见瑜曰："今拒曹公，深为得计。战卒有几？"瑜曰："三万人。"备曰："恨少。"瑜曰："此自足用，豫州但观瑜破之。"备欲呼鲁肃等共会语，瑜曰："受命不得妄委署；若欲见子敬，可别过之。"备深愧喜。

【译文】

汉献帝建安十三年（戊子，公元208年）

刘备病死在永安白帝城,诸葛亮受命辅佐无能的蜀汉后主刘禅,追谥甘夫人为昭烈皇后。

公元223年

三国鼎立 > | **赤壁鏖战 >** | 卷六十五◎汉纪五十七

当天夜里,周瑜又去见孙权,说:"众人只看到曹操信中说有水、陆军八十万而各自惊恐,不再去分析其中的虚实,就提出向曹操投降的意见,太不像话。现在咱们据实计算一下,曹操所率领的中原部队不过十五六万人,而且长期征战,早已疲惫;新接收的刘表的部队,至多有七八万人,仍然心怀猜疑。以疲惫的士卒,驾驭心怀猜疑的部众,人数虽多,却并没有什么可怕的。我只要有五万精兵,就足以制服敌军,望将军不要顾虑!"孙权拍着周瑜的背说:"公瑾,你说到这个地步,非常合我的心意。张昭、秦松等人,各顾自己的妻子儿女,怀有私心,非常令我失望。只有你与鲁肃和我的看法相同,这是上天派你们两个人来辅佐我。五万精兵一时难以集结,已挑选了三万人,战船、粮草及武器装备都已备齐,你和鲁肃、程普率兵先行,我当继续调集人马,多运辎重、粮草,作为你的后援。你能战胜曹军,就当机立断;如果失利,就退到我这里来,我当与曹操决一胜负。"于是,孙权任命周瑜、程普为左、右都督,率兵与刘备合力迎战曹操;又任命鲁肃为赞军校尉,协助筹划战略。

刘备驻军樊口,每天派巡逻的

吴国名将程普

公元227年…

诸葛亮认为伐魏条件已经具备,但不放心内政,于是写《出师表》呈给后主刘禅,出兵伐魏,进驻汉中。

三国鼎立 > | 赤壁鏖战 > | 卷六十五◎汉纪五十七

士兵在江边眺望孙权的军队。士兵看到周瑜的船队,就立即乘马回营报告刘备。刘备派人前去慰劳。周瑜对慰劳的人说:"我有军事任务在身,不能委派别人代理,如果刘备能屈尊前来会面,实在符合我的愿望。"刘备就乘一只船去见周瑜,问说:"现在抵抗曹操,实在是很明智的决定。不知有多少战士?"周瑜说:"三万人。"刘备说:"可惜太少了。"周瑜说:"这已足够用,将军且看我击败曹军。"刘备想要招呼鲁肃等来共同谈话,周瑜说:"接受军令,不得随意委托人代理。如果您要见鲁肃,可以另去拜访他。"刘备既很惭愧,又很高兴。

周瑜

【原文】

进,与操遇于赤壁。

时操军众,已有疾疫。初一交战,操军不利,引次江北。瑜等在南岸,瑜部将黄盖曰:"今寇众我寡,难与持久。操军方连船舰,首尾相接,可烧而走也。"乃取蒙冲斗舰十艘,载燥荻、枯柴,灌油其中,裹以帷幕,上建旌旗,豫备走舸,系于其尾。先以书遗操,诈云欲降。时东南风急,盖以十舰最著前,中江举帆,余船以次俱进。

马谡立下军令状,自告奋勇去守街亭。魏将张郃大败汉将马谡,诸葛亮挥泪斩马谡。

公元228年

三国鼎立 > | **赤壁鏖战 >** | 卷六十五◎汉纪五十七

操军吏士皆出营立观,指言盖降。去北军二里余,同时发火,火烈风猛,船往如箭,烧尽北船,延及岸上营落。顷之,烟炎张天,人马烧溺死者甚众。瑜等率轻锐继其后,雷鼓大震,北军大坏。操引军从华容道步走,遇泥泞,道不通,天又大风,悉使羸兵负草填之,骑乃得过。羸兵为人马所蹈藉,陷泥中,死者甚众。刘备、周瑜水陆并进,追操至南郡。时操军兼以饥疫,死者太半。操乃留征南将军曹仁、横野将军徐晃守江陵,折冲将军乐进守襄阳,引军北还。

【译文】

周瑜大军继续前进,在赤壁与曹操相遇。

当时曹操的部队中已发生疾疫。两军初次交战,曹军失利,退到长江北岸。周瑜等驻军在长江南岸,周瑜部将黄盖说:"如今敌众我寡,难以长期相持。曹军正把战船连在一起,首尾相接,可以用火攻,击败曹军。"于是,选取蒙冲战船十艘,装上干荻和枯柴,在里边浇上油,外面裹上帷幕,上边插上旌旗,预先备好快艇,系在船尾。黄盖先派人送信给曹操,谎称打算投降。当时东南风正疾,黄盖将十艘战船排在最前面,到江心时升起船帆,其余的船在后依次前进。曹操军

庞统巧授连环计

公元229年…

孙权称帝，建都建业。自此，魏、蜀、吴三足鼎立局面正式开始。

三国鼎立 > | 赤壁鏖战 > | **卷六十五◎汉纪五十七**

中的官兵都走出营来站着观看，指着船说黄盖来投降了。离曹军还有二里多远，那十艘船同时点火，火烈风猛，船像箭一样向前飞驶，把曹军战船全部烧光，火势还蔓延到曹军设在陆地上的营寨。顷刻间，浓烟烈火，遮天蔽日，曹军人马烧死和淹死的不计其数。周瑜等率领轻装的精锐战士紧随在后，鼓声震天，奋勇向前，曹军大败。曹操率军从华容道步行撤退，遇到泥泞，道路不通，天又刮起大风。曹操让所有老弱残兵背草铺在路上，骑兵才勉强通过。老弱残兵被人马所践踏，陷在泥中，死了很多。刘备、周瑜水陆并进，追赶曹操直到南郡。这时，曹军又饿又病，死了一大半。曹操就留下征南将军曹仁、横野将军徐晃镇守江陵，折冲将军乐进镇守襄阳，自己率军返回北方。

蜀国姜维晋升为大将军，继承诸葛亮遗志，出兵讨伐魏国，被魏大将邓艾打败。

公元256年

三国鼎立 > 刘备入蜀 > 卷六十七◎汉纪五十九

刘备入蜀（卷六十七◎汉纪五十九）

【原文】

汉献帝建安十九年（甲午，公元214年）

刘备围雒城且一年，庞统为流矢所中，卒。法正笺与刘璋，为陈形势强弱，且曰："左将军从举兵以来，旧心依依，实无薄意。愚以为可图变化，以保尊门。"璋不答。雒城溃，备进围成都。诸葛亮、张飞、赵云引兵来会。

马超知张鲁不足与计事，又鲁将杨昂等数害其能，超内怀于邑。备使建宁督邮李恢往说之，超遂从武都逃入氐中，密书请降于备。备使人止超，而潜以兵资之。超到，令引军屯城北，城中震怖。

备围城数十日，使从事中郎涿郡简雍入说刘璋。时城中尚有精兵三万人，谷帛支一年，吏民咸欲死战。璋言："父子在州二十余年，无恩德以加百姓。百姓攻战三年，肌膏草野者，以璋故也，何心能安！"遂开城，与简雍同舆出降，群下莫不流涕。备迁璋于公安，尽归其财物，佩振威将军印绶。

备入成都，置酒，大飨士卒。取蜀城中金银，分赐将士，还其谷帛。备领益州牧，以军师中郎将诸葛亮为军师将军，益州太守南郡董和为掌军中郎将，并署左将军府事，偏将军马超为平西将军，军议校尉法正为蜀郡太守、扬武将军，裨将军南阳黄忠为讨虏将军，从事中郎麋竺为安汉将军，简雍为昭德将军，北海孙乾为秉忠将军，广汉长黄权为偏将军，汝南许靖为左将军长史，庞羲为司马，李严为犍为太守，费观为

公元257年…

诸葛诞起兵反叛并投降吴国。司马昭讨伐诸葛诞，暗中加快夺权进程，时人称"司马昭之心，路人皆知"。

三国鼎立 > | 刘备入蜀 > | 卷六十七◎汉纪五十九

巴郡太守，山阳伊籍为从事中郎，零陵刘巴为西曹掾，广汉彭羕为益州治中从事。

【译文】

汉献帝建安十九年（甲午，公元214年）

刘备围攻雒城近一年，庞统被流矢射中而死。法正写信给刘璋，分析了形势强弱，并说："左将军刘备起兵后，对您仍有旧情，实际上没有恶意。我认为您应改变态度，以保住家门的尊贵。"刘璋未予答复。刘备攻破雒城，进而包围了成都。诸葛亮、张飞、赵云也率兵前来会合。

马超知道张鲁是个不值得与其计议大事的人，张鲁的部将杨昂等人又多次诋毁他的才能，因此心中忧郁。刘备派建宁督邮李恢前去游说马超，马超便从武都逃到氐人部落，秘密写信给刘备请求归降。刘备派人制止了马超，但暗中派兵给予帮助。马超来到成都，刘备命他率军驻扎城北，成都城内的人非常震惊，心中恐惧。

刘备包围成都数十天，派从事中郎涿郡人简雍进城劝降刘璋。此时城中还有精兵三万人，粮食和丝帛可以支持一年，官吏和百姓都愿死战到底。刘璋说："我们父子统领益州二十余年，对百姓没有什么恩德。百姓苦战三年，暴尸荒野，实在是因为我刘璋的缘故，我怎能安心！"因此命令打开城门，和简雍同乘一辆车出来投降，部属无不伤心落泪。刘备把刘璋安置在公安这个地方，归还他的全部财物，让他佩戴振威将军印绶。

刘备进入成都，大摆酒宴，犒劳士卒，取出城中存放的金银，

司马昭派遣钟会、邓艾攻打蜀国,蜀后主刘禅投降,被擒到洛阳,蜀国灭亡。

公元263年

三国鼎立 > 刘备入蜀 > 卷六十七◎汉纪五十九

分赐给将士,而粮食和丝帛则物归原主。刘备兼任益州牧,任命军师中郎将诸葛亮为军师将军,益州太守、南郡人董和为掌军中郎将,并且代理左将军府事,偏将军马超为平西将军,军议校尉法正为蜀郡太守、扬武将军,裨将军、南阳人黄忠为讨虏将军,从事中郎糜竺为安汉将军,简雍为昭德将军,北海人孙乾为秉忠将军,广汉长黄权为偏将军,汝南人许靖为左将军长史,庞羲为司马,李严为犍为太守,费观为巴郡太守,山阳人伊籍为从事中郎,零陵人刘巴为西曹掾,广汉人彭羕为益州治中从事。

公元280年…

晋将杜预、王濬等伐吴,攻入建业,吴孙皓降于晋,吴国灭亡。

三国鼎立 > | 败走麦城 > | 卷六十八◎汉纪六十

败走麦城(卷六十八◎汉纪六十)

【原文】

汉献帝建安二十四年(己亥,公元219年)

关羽闻南郡破,即走南还。曹仁会诸将议,咸曰:"今因羽危惧,可追禽也。"赵俨曰:"权邀羽连兵之难,欲掩制其后,顾羽还救,恐我乘其两疲,故顺辞求效,乘衅因变以观利钝耳。今羽已孤迸,更宜存之以为权害。若深入追北,权则改虞于彼,将生患于我矣,王必以此为深虑。"仁乃解严。魏王操闻羽走,恐诸将追之,果疾敕仁如俨所策。

【译文】

汉献帝建安二十四年(己亥,公元219年)

关羽得知南郡失守后,立即向南回撤。曹仁召集将领们商议,众人都说:"如今趁关羽身陷困境,内心恐惧,可派兵追击,将他擒获。"赵俨说:"孙权侥幸乘关羽和我军鏖战之机,想进攻关羽后路,又顾忌关羽率军回救,怕我军趁其双方疲劳时从中取利,所以才言辞和顺地请求为我军效力,不过是乘时机的变化观望胜败罢了。如今关羽已势力孤单,正仓促奔走,我们更应让他继续存在,去危害孙权。如果对战败的关羽穷追不舍,孙权就将由防备关羽改为给我们制造祸患了,魏王必将对此深为忧虑。"于是,曹仁下令不要再穷追关羽。魏王曹操知道关羽退走,唯恐将领们追击他,果然迅速给曹仁下达命令,正如赵俨所判断的。

魏、蜀、吴三国分别败亡，三国时代结束，晋朝统一全国，史称西晋。

公元280年

三国鼎立 > | **败走麦城 >** | 卷六十八◎汉纪六十

【原文】

　　关羽数使人与吕蒙相闻，蒙辄厚遇其使，周游城中，家家致问，或手书示信。羽人还，私相参讯，咸知家门无恙，见待过于平时，故羽吏士无斗心。

　　关羽自知孤穷，乃西保麦城。孙权使诱之，羽伪降，立幡旗为象人于城上，因遁走，兵皆解散，才十余骑。权先使朱然、潘璋断其径路。十二月，璋司马马忠获羽及其子平于章乡，斩之，遂定荆州。

【译文】

　　关羽多次派使者与吕蒙联系，吕蒙每次都厚待关羽的使者，允许他们在城中各处游览，向关羽部下亲属表示慰问，有人亲手写信托他带走，作为平安的证明。使者返回，关羽部属私下向他询问家中情况，都知道家中平安，所受对待超过以前，因此关羽的将士都无心再战了。

　　关羽自知孤立困穷，便向西退守麦城。孙权派人诱降，关羽伪装投降，把幡旗做成人像立在城墙上，然后逃遁，士兵都跑散了，跟随他的只有十余名骑兵。孙权已事先命令朱然、潘璋切断了关羽的去路。十二月，潘璋手下的司马马忠在章乡擒获关羽及其儿子关平，将他们斩首，于是，孙权占据了荆州。

公元285年…

陈寿撰成《三国志》，这是一部纪传体三国史，分魏、蜀、吴三志，取材严谨，文笔精练，记事真实。

三国鼎立 > 平定南中 > 卷七十◎魏纪二

平定南中（卷七十◎魏纪二）

【原文】

魏文帝黄初六年（乙巳，公元225年）

汉诸葛亮至南中，所在战捷，亮由越巂入，斩雍闿及高定。使庲降督益州李恢由益州入，门下督巴西马忠由牂柯入，击破诸县，复与亮合。孟获收闿余众以拒亮。获素为夷、汉所服，亮募生致之，既得，使观于营陈之间，问曰："此军何如？"获曰："向者不知虚实，故败。今蒙赐观营陈，若只如此，即定易胜耳。"亮笑，纵使更战。七纵七禽而亮犹遣获，获止不去，曰："公，天威也，南人不复反矣！"亮遂至滇池。

益州、永昌、牂柯、越巂四郡皆平，亮即其渠率而用之。或以谏亮，亮曰："若留外人，则当留兵，兵留则无所食，一不易也；加夷新伤破，父兄死丧，留外人而无兵者，必成祸患，二不易也；又，夷累有废杀之罪，自嫌衅重，若留外人，终不相信，三不易也。今吾欲使不留兵，不运粮，而纲纪粗定，夷、汉粗安故耳。"亮于是悉收其俊杰孟获等以为官属，出其金、银、丹、漆、耕牛、战马以给军国之用。

（三国）牛拉楼铜鼓

> 鲁褒作《钱神论》，其书充满愤世论调，引起群众共鸣，文中"孔方"也成了"钱"的代名词流传至今。

公元299年

三国鼎立 > **平定南中 >** 卷七十◎魏纪二

识诈降三擒孟获

自是终亮之世，夷不复反。

【译文】

魏文帝黄初六年（乙巳，公元225年）

蜀汉诸葛亮到达南中，征讨叛乱，所至必胜。诸葛亮从越巂进兵，斩杀了雍闿和高定。派庲降督、益州人李恢从益州进兵；门下督、巴西人马忠从牂柯进兵，击溃南中各县的叛军，再度和诸葛亮会合。孟获收拾雍闿的残部抗拒诸葛亮。孟获深得当地汉人和夷族的信赖，诸葛亮要生擒孟获，以后果然将孟获俘获，让他参观了蜀军的军营战阵，问他说："这样的军队如何？"孟获说："以前不知道你们的虚实，所以遭到失败。如今蒙您允许我参观你们的军营战阵，如果贵军只是这样的军队，我一定能轻易取胜。"诸葛亮笑了笑，将孟获释放，要他再次前来交战。前后把孟获放回七次，又生擒七次，最后诸葛亮仍将孟获释放，孟获却不再走了，对诸葛亮说："您有天威！南方人不会再反叛了！"于是诸葛亮到达滇池。

益州、永昌、牂柯、越巂四郡都被平定了，诸葛亮仍然任用当地原来的首领为四郡的地方官吏。有人劝诸葛亮不要这样做，诸葛亮说："如果留外地人为官，则要留驻军队，留驻军队，则粮秣供应困

公元313年…

闻鸡起舞、志向宏远的豫州刺史祖逖向元帝司马睿请命,击楫中流,率军北伐以复中原故土。

三国鼎立 > | 平定南中 > | 卷七十◎魏纪二

难,这是第一个难题;这些夷族刚受过战争之苦,父兄多有死伤,怨气未消,任用外地人而不留驻军队,必定产生祸患,这是第二个难题;这些夷族屡次三番杀死和废掉官吏,自知有罪,与我们隔阂很深,如果留下外地人为官,终究难以被他们信任,这是第三个难题。我现在是要不留军队,不转运粮食,使法令、政纪大体得以贯彻,让夷族和汉人大

孔明烧藤甲七擒孟获

体安定下来。"于是诸葛亮网罗孟获等当地的著名人物,任命他们为地方官吏,让他们贡献金、银、丹、漆、耕牛、战马,供给军队和朝廷使用。从此之后,在诸葛亮的有生之年,这一地区的夷族再也没有反叛。

王羲之与文士名流谢安、孙绰等41人在会稽山阴县境内的兰亭饮酒赋诗,集结成册,王羲之作《兰亭序》。

公元353年

三国鼎立 > | 智星陨落 > | 卷七十二◎魏纪四

智星陨落(卷七十二◎魏纪四)

【原文】

魏明帝青龙二年(甲寅,公元234年)

亮病笃,汉主使尚书仆射李福省侍,因谘以国家大计。福至,与亮语已,别去,数日复还。亮曰:"孤知君还意,近日言语虽弥日,有所不尽,更来求决耳。公所问者,公琰其宜也。"福谢:"前实失不谘请,如公百年后,谁可任大事者,故辄还耳。乞复请蒋琬之后,谁可任者?"亮曰:"文伟可以继之。"又问其次,亮不答。

是月,亮卒于军中。长史杨仪整军而出。百姓奔告司马懿,懿追之。姜维令仪反旗鸣鼓,若将向懿者,懿敛军退,不敢逼。于是仪结陈而去,入谷然后发丧。百姓为之谚曰:"死诸葛走生仲达。"懿闻之,笑曰:"吾能料生,不能料死故也。"

【译文】

魏明帝青龙二年(甲寅,公元234年)

诸葛亮病重,汉后主派遣尚书仆射李福前来问候,同时询问国家大事。李福来到,和诸葛亮谈完,辞别而去,几天之后又回来。诸葛亮说:"我知道您返回来的意图,近来虽然整天谈话,有些事还没有交代,又来听取决定了。你所要问的事蒋琬适合。"李福道歉说:"日前确实不曾询问,如您百年之后,谁可以担负重任,所以就又返回。再请问蒋琬之后,谁可承担重任?"诸葛亮说:"费祎可以继任。"又问费祎之后怎么样?诸葛亮没有回答。

公元353年…

敦煌石窟中的莫高窟工程开始营造。敦煌石窟是世界闻名的三大石窟艺术中心之一。

三国鼎立 > | 智星陨落 > | 卷七十二◎魏纪四

这个月，诸葛亮在军中去世，长史杨仪整顿军队而退。百姓跑着去报告司马懿，司马懿追赶汉军。姜维命令杨仪调转战旗方向，擂响战鼓，像是即将对司马懿进攻。司马懿收军后退，不敢向前逼进。于是杨仪结阵离去，进入斜谷之后才发丧。百姓为此事编了一句谚语说："死诸葛亮吓走活仲达。"司马懿听到后笑着说："这是我能够意料诸葛亮活着，不能料想诸葛亮已死的缘故。"

《华阳国志》撰成,为东晋常璩所撰,记述巴蜀地区历史、地理、人物,是我国第一部地方志。

公元354年

三国鼎立 > 假刀杀帝 > 卷七十七◎魏纪九

假刀杀帝(卷七十七◎魏纪九)

【原文】

魏元帝景元元年(庚辰,公元260年)

帝见威权日去,不胜其忿。五月,己丑,召侍中王沈、尚书王经、散骑常侍王业,谓曰:"司马昭之心,路人所知也。吾不能坐受废辱,今日当与卿自出讨之。"王经曰:"昔鲁昭公不忍季氏,败走失国,为天下笑。今权在其门,为日久矣,朝廷四方皆为之致死,不顾逆顺之理,非一日也。且宿卫空阙,兵甲寡弱,陛下何所资用;而一旦如此,无乃欲除疾而更深之邪!祸殆不测,宜见重详。"帝乃出怀中黄素诏投地曰:"行之决矣!正使死何惧,况不必死邪!"于是入白太后。沈、业奔走告昭,呼经欲与俱,经不从。帝遂拔剑升辇,率殿中宿卫苍头官僮鼓噪而出。昭弟屯骑校尉遇帝于东止车门,左右呵之,众奔走。中护军贾充自外入,逆与帝战于南阙下,帝自用剑。众欲退,骑督成倅弟太子舍人济问充曰:"事急矣,当云何?"充曰:"司马公畜养汝等,正为今日。今日之事,无所问也!"济即抽戈前刺帝,殒于车下。昭闻之,大惊,自投于地。太傅孚奔往,枕帝股而哭,甚

魏元帝曹奂

公元383年…

苻坚攻东晋,于淝水会战,前秦大败,秦军溃逃时,惧怕风声鹤唳。不久因苻坚被刺杀,前秦政权瓦解。

三国鼎立 > | 假刀杀帝 > | 卷七十七◎魏纪九

哀,曰:"杀陛下者,臣之罪也!"

【译文】

魏元帝景元元年(庚辰,公元260年)

魏帝见自己的权力威势日渐削弱,感到不胜忿恨。五月,己丑(初七),召见侍中王沈、尚书王经、散骑常侍王业,对他们说:"司马昭的野心,连路上的行人都知道。我不能坐等被废黜的耻辱,今日我将亲自与你们一起出去讨伐他。"王经说:"古时鲁昭公因不能忍受季氏的专权,讨伐失败而出走,丢掉了国家,被天下人所耻笑。如今权柄掌握在司马昭之手已经很久了,朝廷内以及四方之臣都为他效命而不顾逆顺之理,也不是一天了。而且宫中宿卫空缺,兵力十分弱小,陛下凭借什么?而您一旦这样做,不是想要除去疾病却反而使病更厉害了吗?祸患恐怕难以预测,应该重新加以详细研究。"魏帝这时就从怀中拿出黄绢诏书扔在地上说:"这样做已经决定了!纵然死了又有什么可怕的,何况不一定会死呢!"说完就进内宫禀告太后。王沈、王业跑出去告诉司马昭,想叫王经与他们一起去,但王经不去。魏帝随即拔出剑登辇,率领殿中宿卫和奴仆们呼喊着出了宫。司马昭的一个任屯骑校尉的弟弟在东止车门遇到魏帝,魏帝左右

司马昭

法显和尚偕僧人慧景等从长安出发西行求法，历时15年，取回大、小乘佛教三藏中的基本梵文要籍十余部。

公元399年

三国鼎立 > 假刀杀帝 > 卷七十七◎魏纪九

的人怒声呵斥他们，他们都吓得逃走了。中护军贾充从外而入，迎面与魏帝战于南面宫阙之下，魏帝亲自用剑拼杀。众人想要退却，骑督成之弟太子舍人成济问贾充说："事情紧急了，你说怎么办？"贾充说："司马公养你们这些人，正是为了今日。今日之事，没什么可问的！"于是成济立即抽出长戈上前刺杀魏帝，把他杀死于车下。司马昭闻讯大惊，自己跪倒在地上。太傅司马孚奔跑过去，把魏帝的头枕在自己的腿上哭得十分悲哀，哭喊着说："陛下被杀，是我的罪过啊！"

微信扫码
- 拓展视频　图文资讯
- 趣味测评　阅读分享

南北对峙

百济博士王仁向应神天皇献《论语》《千字文》，使汉字和儒家经典传入日本，结束了日本无字的历史。

公元405年

南北对峙 > **闻鸡起舞 >** 卷八十八◎晋纪十

闻鸡起舞（卷八十八◎晋纪十）

【原文】

晋愍帝建兴元年（癸酉，公元313年）

初，范阳祖逖，少有大志，与刘琨俱为司州主簿。同寝，中夜闻鸡鸣，蹴琨觉曰："此非恶声也！"因起舞。及渡江，左丞相睿以为军咨祭酒。逖居京口，纠合骁健，言于睿曰："晋室之乱，非上无道而下怨叛也，由宗室争权，自相鱼肉，遂使戎狄乘隙，毒流中土。今遗民既遭残贼，人思自奋，大王诚能命将出师，使如逖者统之以复中原，郡国豪杰，必有望风响应者矣！"睿素无北伐之志，以逖为奋威将军、豫州刺史，给千人廪，布三千匹，不给铠仗，使自召募。逖将其部曲百余家渡江，中流，击楫而誓曰："祖逖不能清中原而复济者，有如大江！"遂屯淮阴，起冶铸兵，募得二千余人而后进。

【译文】

晋愍帝建兴元年（癸酉，公元313年）

晋元帝司马睿

公元433年…

谢灵运被杀,其诗多写山水名胜,其人善于刻画自然景物,矫正了理过其辞的玄言诗风,为山水诗派创始人。

南北对峙 > 　闻鸡起舞 > 　卷八十八◎晋纪十

当初,范阳人祖逖,年轻时就志向远大,曾与刘琨一起担任司州的主簿,与刘琨同寝,夜半时听到鸡鸣,他踢醒刘琨,说:"这不是令人厌恶的声音。"就起床舞剑。渡江以后,左丞相司马睿让他担任军咨祭酒。祖逖住在京口,聚集起骁勇强健的壮士,对司马睿说:"晋朝的变乱,不是因为君主无道而使臣下怨恨叛乱,而是皇亲宗室之间争夺权力,自相残杀,这就使戎狄之人钻了空子,祸害遍及中原。现在晋朝的遗民遭到摧残伤害后,大家都想着自强奋发,如果大王您确实能够派遣将领率兵出师,使像我一样的人统领军队来光复中原,各地的英雄豪杰一定会有闻风响应的人!"司马睿一直没有北伐的志向,他听了祖逖的话以后,就任命祖逖为奋威将军、豫州刺史,

闻鸡起舞

北魏灭燕,得到高句丽乐和百济乐。《箜篌引》一曲传入后,我国文人按调作辞,风靡一时。

公元436年

南北对峙 > | **闻鸡起舞 >** | 卷八十八◎晋纪十

仅仅拨给他千人的口粮,三千匹布,不供给兵器,让祖逖自己想办法募集。祖逖带领自己私家的部曲共一百多户人家渡过长江,在长江中流敲打着船桨说:"祖逖如果不能光复中原,就像大江一样有去无回!"于是到淮阴驻扎,建造熔炉,冶炼铸造兵器,又招募了两千多人,然后继续前进。

公元444年…

刘义庆卒,其代表作《世说新语》是笔记小说的先驱,许多故事成为脍炙人口的典故。

南北对峙 > 东山再起 > 卷一百零一◎晋纪二十三

东山再起(卷一百零一◎晋纪二十三)

【原文】

晋穆帝升平四年(庚申,公元360年)

谢安少有重名,前后征辟,皆不就,寓居会稽,以山水、文籍自娱。虽为布衣,时人皆以公辅期之,士大夫至相谓曰:"安石不出,当如苍生何!"安每游东山,常以妓女自随。司徒昱闻之,曰:"安石既与人同乐,必不得不与人同忧,召之必至。"安妻,刘惔之妹也,见家门贵盛而安独静退,谓曰:"丈夫不如此也!"安掩鼻曰:"恐不免耳。"及弟万废黜,安始有仕进之志,时已年四十余。征西大将军桓温请为司马,安乃赴召,温大喜,深礼重之。

【译文】

晋穆帝升平四年(庚申,公元360年)

谢安从小就有重名,朝廷前后多次征召,他都不就任,闲居在会稽,以山水、文献典籍自以为乐。虽然身为布衣百姓,但时人都对他寄予三公和相辅的期望,士大夫们在一起议论说:"谢安不出山,天下百姓该怎么办!"谢安每次游览东山,总是让歌妓舞女跟随。司徒司马昱听说后说:"谢安既然能够与人同乐,就一定不会不与人同忧,征召

谢安

昙曜经魏文成帝同意，开凿云冈石窟。昙曜开凿五窟，后世称为"昙曜五窟"，均为穹窿椭圆形平面。

公元460年

南北对峙 > | **东山再起 >** | 卷一百零一◎晋纪二十三

他一定会就任。"谢安的妻子是刘惔的妹妹，她看到谢安门庭显盛，而谢安却自甘寂寞不思进取，就对谢安说："大丈夫不应该如此！"谢安用手掩着鼻子回答说："我怕难以逃脱兄弟们的命运。"等到弟弟谢万被废黜以后，谢安才有了进身仕途的志向，当时已经四十多岁了。征西大将军桓温向朝廷请求让他做司马，谢安就应召就任，桓温十分高兴，以礼相待，十分看重他。

公元462年…

祖冲之纠改《元嘉历》，订《大明历》，确定一年为365.2428天。后又推算圆周率到小数点后六位。

南北对峙 > | **淝水之战 >** | 卷一百零五◎晋纪二十七

淝水之战（卷一百零五◎晋纪二十七）

【原文】

晋孝武帝太元八年（癸未，公元383年）

秦兵逼肥水而陈，晋兵不得渡。谢玄遣使谓阳平公融曰："君悬军深入，而置陈逼水，此乃持久之计，非欲速战者也。若移陈少却，使晋兵得渡，以决胜负，不亦善乎！"秦诸将皆曰："我众彼寡，不如遏之，使不得上，可以万全。"坚曰："但引兵少却，使之半渡，我以铁骑蹙而杀之，蔑不胜矣！"融亦以为然，遂麾兵使却。秦兵遂退，不可复止，谢玄、谢琰、桓伊等引兵渡水击之。融驰骑略陈，欲以帅退者，马倒，为晋兵所杀，秦兵遂溃。玄等乘胜追击，至于青冈。秦兵大败，自相蹈藉而死者，蔽野塞川。其走者闻风声鹤唳，皆以为晋兵且至，昼夜不敢息，草行露宿，重以饥冻，死者什七、八。初，秦兵少却，朱序在陈后呼曰："秦兵败矣！"众遂大奔。序因与张天锡、徐元喜皆来奔。获秦王坚所乘云母车。复取寿阳，执其淮南太守郭褒。

【译文】

晋孝武帝太元八年（癸未，公元383年）

前秦的军队迫近淝水而布阵，东晋的军队无法渡过。谢玄派使者对阳平公苻融说："您孤军深入，然而却迫近淝水部署军阵，这是长久相持的策略，不是想迅速交战的办法。如果能移动兵阵稍微后撤，让晋朝的军队得以渡河，以决胜负，不也是很好的事情吗？"前秦众

北魏行均田制,是在奴隶制残余较严重的特定历史条件下实行的一种土地分配制度,推动了农业发展。

公元485年

南北对峙 > | **淝水之战** > | 卷一百零五 ◎ 晋纪二十七

大秦龙兴化牟古圣瓦当

将领都说:"我众敌寡,不如遏制他们,使他们不能上岸,这样可以万无一失。"苻坚说:"只带领兵众稍微后撤一点,让他们渡河渡到一半,我们再出动铁甲骑兵奋起攻杀,没有不胜的道理!"苻融也认为可以,于是就挥舞战旗,指挥兵众后退。前秦的军队一退就不可收拾。谢玄、谢琰、桓伊等率领军队渡过河攻击他们。苻融驰马巡视军阵,想来率领退逃的兵众,结果战马倒地,苻融被东晋的士兵杀掉,前秦的军队就崩溃了。谢玄等乘胜追击,一直追到青冈。前秦的军队大败,自相践踏而死的人,遮蔽山野、堵塞山川。逃跑的人听到刮风的声音和鹤的鸣叫声,都以为是东晋的军队将要来到,昼夜不敢停歇,慌不择路,风餐露宿,冻饿交加,死亡的人十有七八。当初,前秦的军队稍微后撤时,朱序在军阵后面高声呼喊:"秦军失败了!"兵众们听到后就狂奔乱逃。朱序乘机与张天锡、徐元喜都来投奔东晋。这一仗缴获了前秦王苻坚所乘坐的装饰着云母的车乘。又攻取了寿阳,抓获了前秦的淮南太守郭褒。

公元493年…

北魏孝文帝以南下伐齐为名,迁都洛阳。他主张汉化,下诏禁止士民穿戴胡服,并禁止在朝廷讲鲜卑语。

南北对峙 > 　孝文改革 > 　卷一百三十六◎齐纪二

孝文改革(卷一百三十六◎齐纪二)

【原文】

齐武帝永明三年(乙丑,公元485年)

冬,十月,丁未,诏遣使者循行州郡,与牧守均给天下之田:诸男夫十五以上受露田四十亩,妇人二十亩,奴婢依良丁;牛一头,受田三十亩,限止四牛。所授之田,率倍之;三易之田,再倍之,以供耕作及还受之盈缩。人年及课则受田,老免及身没则还田。奴婢、牛随有无以还受。初受田者,男夫给二十亩,课种桑五十株;桑田皆为世业,身终不还。恒计见口,有盈者无受无还,不足者受种如法,盈者得卖其盈。诸宰民之官,各随近给公田有差,更代相付;卖者坐如律。

【译文】

齐武帝永明三年(乙丑,公元485年)

冬季,十月,丁未(十三日),孝文帝下诏派遣使者分别去各州郡,与各州郡牧守一同推行均田制:十五岁以上的男子,每人可以得到四十亩没有种树的农田,女子每人二十亩;奴仆婢女,按照一般成年人所配给田地的待遇分配土地;一头牛可得到三十亩农田,但以四头牛为限。所配给的农田,如果是隔一年才耕种一次的贫瘠田地,增加一倍;如果是隔两年才能耕种一次的田地,

北魏孝文帝

地理学家郦道元受命为吴右大使,出使长安,途中被叛将所杀。著有《水经注》,书中详尽记载了河流水道。

公元527年

南北对峙 > | **孝文改革 >** | 卷一百三十六◎齐纪二

增加两倍,以此供耕种和还田、受田增加减少的需要。百姓到了应该纳赋的年龄,就分配给土地,年纪已老以及去世之后,土地归还官

龙门石窟 北魏在以平城(今山西大同)为都城时,开凿了云冈石窟。孝文帝迁都洛阳后,又开凿了龙门石窟。云冈石窟和龙门石窟都是中国古代雕塑艺术的瑰宝。

公元544年…

北魏农学家贾思勰著成综合性农书《齐民要术》，其书内容极为丰富，涉及农、林、牧、副、渔等农业范畴。

南北对峙 > | 孝文改革 > | 卷一百三十六◎齐纪二

府。对于奴婢和耕牛，根据奴婢和耕牛数量多少，决定还田或受田。初次受田的人，男子给田二十亩，规定种五十棵桑树；种了桑树的土地，都是世代经营管理，死了以后也不用缴回官府。官府应经常统计人口情况，对土地有盈余的农家，不受田也不令他还田；对土地不够的农家，则依照法令增加配给；世代经营的田地，有盈余的人家，可以自由出售。各地地方官就在官府附近按照等级配给一份公田，地方官更换时，要把这份公田移交给接任的官员；如果私自卖掉公田，按照法律追究定罪。

【原文】

齐武帝永明四年（丙寅，公元486年）

春，正月，癸亥朔，魏高祖朝会，始服衮冕。

魏无乡党之法，唯立宗主督护；民多隐冒，三五十家始为一户。

甲戌，初立党、里、邻三长，定民户籍。民始皆愁苦，豪强者尤不愿。既而课调省费十余倍，上下安之。

【译文】

齐武帝永明四年（丙寅，公元486年）

春季，正月，癸亥朔（初一），北魏孝文帝召集百官朝见时，开始穿戴汉族皇帝的礼服和冕旒。

北魏没有地方基层行政组织法规，

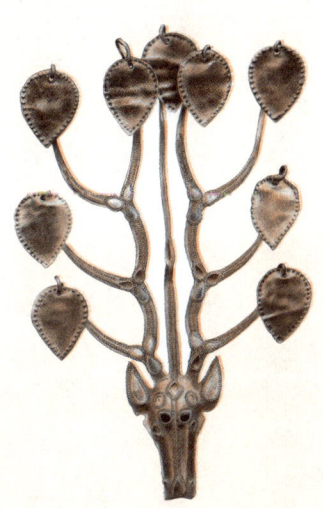

（北魏）马头鹿角金冠饰

拜占庭皇帝查士丁尼一世派遣两名聂斯托利派（景教）僧侣赴中国，偷运蚕卵返回，是为西方养蚕之始。

公元552年

南北对峙 > | **孝文改革 >** | 卷一百三十六◎齐纪二

只有大家族的宗主来监督地方行政事务。老百姓大多隐瞒或假冒别人的户籍，有时三五十家才有一个户口。

甲戌（十三日），开始建立党长、里长、邻长制度，重新核定百姓的户籍。老百姓开始时为此都愁苦不安，豪强士族们尤其反对。不久，赋税的征收额减少到过去的十几分之一，豪强、百姓才安下心来。

公元584年…

隋朝迁至新都大兴城后,隋文帝下令开凿广通渠,自大兴城至潼关,长300余里,引渭水以方便漕运。

南北对峙 > 一统归隋 > 卷一百七十七◎隋纪一

一统归隋(卷一百七十七◎隋纪一)

【原文】

隋文帝开皇九年(己酉,公元589年)

春,正月,乙丑朔,陈主朝会群臣,大雾四塞,入人鼻,皆辛酸,陈主昏睡,至晡时乃寤。

是日,贺若弼自广陵引兵济江。先是弼以老马多买陈船而匿之,买弊船五六十艘,置于渎内。陈人觇之,以为内国无船。弼又请缘江防人每交代之际,必集广陵,于是大列旗帜,营幕被野,陈人以为隋兵大至,急发兵为备,既知防人交代,其众复散;后以为常,不复设备。又使兵缘江时猎,人马喧噪。故弼之济江,陈人不觉。韩擒虎将五百人自横江宵济采石,守者皆醉,遂克之。晋王广帅大军屯六合镇桃叶山。

【译文】

隋文帝开皇九年(己酉,公元589年)

春季,正月,乙丑朔(初一),陈朝举行元旦朝会,陈后主朝会百官时,大雾弥漫,吸入鼻孔,感到又辣又酸,陈后主昏睡过去,一直到下午申时左右才醒过来。

这一天,隋吴州总管贺若弼从广陵统率军队渡过长江。起先,贺若弼卖掉

隋文帝杨坚

七月，杨坚暴毙，杨广嗣位，是为隋炀帝。炀帝矫称文帝诏书，命废太子勇自缢。八月，汉王杨谅起兵，败。

公元604年

南北对峙 > | **一统归隋 >** | 卷一百七十七 ◎ 隋纪一

军中老马，大量购买陈朝的船只，并把这些船只藏匿起来，然后又购买了破旧船只五六十艘，停泊在小河内。陈朝派人暗中窥探，认为中原没有船只。贺若弼又请求让沿江防守的兵士每当轮换交接的时候，都一定要聚集广陵，于是隋军大举旗帜，营幕遍野，陈朝以为是隋朝大军来到，便急忙调集军队加强戒备，后来知道是隋朝士卒换防交接，就将已聚集的军队解散；后来陈朝对此已习以为常，就不再加强戒备。贺若弼又时常派遣军队沿江打猎，人欢马叫。所以贺若弼渡江时，陈朝守军竟没有发觉。庐州总管韩擒虎也率领将士五百人从横江浦夜渡采石，陈朝守军全都喝醉了酒，隋军轻而易举就攻下了采石。晋王杨广统率大军驻扎在六合镇桃叶山。

陈后主

【原文】

贺若弼乘胜至乐游苑，鲁广达犹督余兵苦战不息，所杀获数百人，会日暮，乃解甲，面台再拜恸哭，谓众曰："我身不能救国，负罪深矣！"士卒皆流涕歔欷，遂就擒。诸门卫皆走，弼夜烧北掖门入，闻韩擒虎已得陈叔宝，呼视之，叔宝惶惧，流汗股栗，向弼再拜。弼谓之曰："小国之君当大国之卿，拜乃礼也。入朝不失作归命侯，无劳恐惧。"既而耻功在韩擒虎后，与擒虎相询，挺刃而出；欲令蔡征为叔宝作

公元605年…

隋炀帝营建东京洛阳,又开凿通济渠,疏通邗沟。安济桥(赵州桥)落成,是世界上第一座大跨度敞肩拱石桥。

南北对峙 > 一统归隋 > 卷一百七十七◎隋纪一

降笺,命乘骡车归己,事不果。弼置叔宝于德教殿,以兵卫守。

高颎先入建康,颎子德弘为晋王广记室,广使德弘驰诣颎所,令留张丽华,颎曰:"昔太公蒙面以斩妲己,今岂可留丽华!"乃斩之于青溪。德弘还报,广变色曰:"昔人云,'无德不报',我必有以报高公矣!"由是恨颎。

丙戌,晋王广入建康,以施文庆受委不忠,曲为谄佞以蔽耳目,沈客卿重赋厚敛以悦其上,与太市令阳慧朗、刑法监徐析、尚书都令史暨慧景皆为民害,斩于石阙下,以谢三吴。使高颎与元帅府记室裴矩收图籍,封府库,资财一无所取,天下皆称广,以为贤。

【译文】

隋将贺若弼率军乘胜进至乐游苑,陈朝都督鲁广达仍督率残兵败将苦战不止,共杀死俘虏隋军数百人,赶上天色近晚,鲁广达方才放下武器,面向台城拜了三拜,忍不住失声痛哭,对部下说:"我没有能够拯救国家,负罪深重!"部下士兵也都痛哭流涕,于是被隋军俘获。台城的宫门卫士都四散逃走,贺若弼率军在夜间焚烧北掖门而进入皇宫,得知韩擒虎已抓住了陈叔宝,就把他叫来亲自查看,陈叔宝非常害怕,汗流浃背,浑身战栗,向贺若弼跪拜叩头。贺若弼对他说:"小国的君主见了大国的公卿大臣,按照礼节应该跪拜。阁下到了隋朝仍不失封为归命侯,所以不必恐惧。"过后,贺若弼因耻于功在韩擒虎之后,与韩擒虎争吵辱骂,随后怒气冲冲地拔刀而出,想令陈朝前吏部尚书蔡征为陈叔宝起草降书,又下令陈后主乘坐骡车归附自己,但没有实现。于是贺若弼将陈后主置于德教殿内,派兵守卫。

公元606年

隋炀帝取消九品中正制,任用官吏不再受门第限制。开进士科,确立科举制度为选拔人才的重要方法。

南北对峙 > | **一统归隋** > | 卷一百七十七◎隋纪一

　　高颎先进入建康,当时高颎的儿子高德弘是晋王府记室参军,杨广就派他驰马来见高颎,传令留下张丽华,高颎说:"古时候姜太公吕尚蒙面斩了殷纣王的宠姬妲己,今天岂能留下张丽华!"便将张丽华斩于青溪。高德弘回来报告杨广,杨广脸色大变说:"古人云,'无德不报'。我一定有办法回报高公!"因此杨广忌恨高颎。

　　丙戌(二十二日),晋王杨广进入建康,认为陈朝中书舍人施文庆接受委命,却不忠心国事,反而谄媚为奸,以蒙蔽天子耳目;前中书舍人沈客卿重赋厚敛,盘剥百姓,以博取天子的欢心;与太市令阳慧朗、刑法监徐析、尚书都令史暨慧景等人都是祸国害民的奸臣,一并斩于石阙之下,以谢三吴地区百姓。杨广又让高颎和元帅府记室参军裴矩一道收缴南陈地图和户籍,封存国家府库,金银财物一无所取,因此,天下都称颂杨广,认为他贤明。

隋唐盛世

公元621年

李世民攻洛阳，俘夏主窦建德，降郑帝王充。任天策上将军，广延文学之士，得杜如晦等十八学士。

隋唐盛世 > | 杨广夺宠 > | 卷一百七十九◎隋纪三

杨广夺宠（卷一百七十九◎隋纪三）

【原文】

隋文帝开皇二十年（庚申，公元600年）

初，上使太子勇参决军国政事，时有损益，上皆纳之。勇性宽厚，率意任情，无矫饰之行。上性节俭，勇尝文饰蜀铠，上见而不悦，戒之曰："自古帝王未有好奢侈而能久长者。汝为储后，当以俭约为先，乃能奉承宗庙。吾昔日衣服，各留一物，时复观之以自警戒。恐汝以今日皇太子之心忘昔时之事，故赐汝以我旧所带刀一枚，并菹酱一合，汝昔作上士时常所食也。若存记前事，应知我心。"

后遇冬至，百官皆诣勇，勇张乐受贺。上知之，问朝臣曰："近闻至日内外百官相帅朝东宫，此何礼也？"太常少卿辛亶对曰："于东宫，乃贺也，不得言朝。"上曰："贺者正可三数十人，随情各去，何乃有司征召，一时普集！太子法服设乐以待之，可乎？"因下诏曰："礼有等差，君臣不杂。皇太子虽居上嗣，义兼臣子，而诸方岳牧正冬朝贺，任土作贡，别上东宫；事非典则，宜悉停断。"自是恩宠始衰，渐生猜阻。

【译文】

隋文帝开皇二十年（庚申，公元600年）

当初，隋文帝让太子杨勇参与决策军国政事，他经常提出批评建议，文帝都采纳了。杨勇性情宽厚，直率热情，平易近人，无弄虚作假的品行。文帝本性崇尚节俭，杨勇曾经在蜀地出的已经很精

公元622年…

唐高祖下令编修《艺文类聚》，主要是供学习者获取丰富的文学知识或在写作诗文时参考查阅之用。

隋唐盛世 > | 杨广夺宠 > | 卷一百七十九◎隋纪三

美华丽的铠甲上再加装饰，文帝看到后很不高兴，他告诫杨勇说："自古以来帝王无一喜好奢侈而能长久的，你作为皇位继承人，应当以节俭为先，这样才能承继宗庙。我过去的衣服，都各留一件，时常取出它们观看以告诫自己。恐怕你已经以当今皇太子自居而忘却了过去的事情，因此我赐给你一把我旧时所佩戴的刀，一盒你旧日为上士时常常吃的腌菜。要是你还能记得以前的事，你就应该懂得我的良苦用心。"

后来到了冬至，百官都去见杨勇，杨勇排列乐队接受百官的祝贺。文帝知道了这件事，就问朝臣："最近听说冬至那天朝廷内外百官都去朝见太子，这是什么礼法？"太常少卿辛亶回答："百官到东宫，是祝贺，不能说是朝见。"文帝说："祝贺的人应该三五十人，随意各自去，为什么由有关部门召集，一时间百官都集中起来同去？太子身穿礼服，奏乐来接待百官，能这样吗？"于是文帝下诏说："礼法有等级差别，君臣之间不能混杂。皇太子虽然是皇帝的继承人，但从礼义上讲也是臣子，各地方长官在冬至节来朝贺，进献自己辖地的特产，但另外给皇太子上贡，这就不符合典章制度了，应该全部停止。"从此，文帝对杨勇的恩宠开始衰落，渐渐有了猜疑和戒心。

【原文】

勇多内宠，昭训云氏尤幸。其妃元氏无宠，遇心疾，二日而薨，独孤后意有他故，甚责望勇。自是云昭训专内政，生长宁王俨，平原

公元626年

六月，李世民伏兵玄武门，杀太子建成及齐王元吉，高祖立世民为太子。八月，世民即位，是为唐太宗。

隋唐盛世 > 杨广夺宠 > 卷一百七十九◎隋纪三

王裕，安成王筠；高良娣生安平王嶷、襄城王恪；王良媛生高阳王该，建安王韶；成姬生颍川王煜；后宫生孝实、孝范。后弥不平，颇遣人伺察，求勇过恶。

晋王广弥自矫饰，唯与萧妃居处，后庭有子皆不育，后由是数称广贤。大臣用事者，广皆倾心与交。上及后每遣左右至广所，无贵贱，广必与萧妃迎门接引，为设美馔，申以厚礼；婢仆往来者，无不称其仁孝。上与后尝幸其第，广悉屏匿美姬于别室，唯留老丑者，衣以缦彩，给事左右；屏帐改用缣素；故绝乐器之弦，不令拂去尘埃。上见之，以为不好声色，还宫，以语侍臣，意甚喜，侍臣皆称庆，由是爱之特异诸子。

【译文】

杨勇有很多姬妾，他对昭训云氏尤其宠爱。杨勇的妃子元氏不得宠，突然得了心疾，两天就死了。独孤皇后认为这里还有别的缘故，对杨勇很是责备。此后，云昭训总揽东宫内的事务，她生了长宁王杨俨、平原王杨裕、安成王杨筠；高良娣生了安平王杨嶷、襄城王杨恪；王良媛生了高阳王杨该、建安王杨韶；成姬生了颍川王杨煜；其他的宫人生了杨孝实、杨孝范。独孤皇后更加不高兴，经常派人来窥视探查，找杨勇的过失和罪过。

晋王杨广了解这件事后就更加伪装自己，他只和萧妃住在一起，对后宫所生子女都不去抚育，独孤皇后因此多次称赞杨广有德行。朝廷中执掌朝政的重臣，杨广都尽心竭力地与他们结交。文帝和独孤皇后每次派身边的人到杨广的住处，无论来人的地位高低，杨广必定和

公元630年…

唐朝确定品官服色，三品以上服紫，四、五品服绯，六、七品服绿，八、九品服青。

隋唐盛世 > 杨广夺宠 > 卷一百七十九◎隋纪三

萧妃一起在门口迎接，为来人摆设盛宴，并厚赠礼品。于是来往的奴婢仆人没有不称颂杨广为人仁爱贤孝的。文帝与独孤皇后曾经驾临杨广的府第，杨广将他的美姬都藏到别的房间里，只留下年老貌丑之人，身着没有文饰的衣服来服侍伺候。房间里的屏帐都改用朴素的幔帐，断绝琴瑟丝弦，不让拂去上面的灰尘。文帝看到这种情况，以为杨广不爱好声色，返回皇宫后，告诉侍臣这一情况，看上去非常高兴，侍臣们也都向文帝祝贺。从此，文帝喜爱杨广超出别的儿子。

【原文】

上密令善相者来和遍视诸子，对曰："晋王眉上双骨隆起，贵不可言。"上又问上仪同三司韦鼎："我诸儿谁得嗣位？"对曰："至尊、皇后所最爱者当与之，非臣敢预知也。"上笑曰："卿不肯显言邪！"

晋王广美姿仪，性敏慧，沉深严重；好学，善属文；敬接朝士，礼极卑屈；由是声名籍甚，冠于诸王。

【译文】

文帝命令善于看相的来和暗中把他的儿子们都看了一遍，来和回答："晋王杨广眉上有双骨隆起，贵不

隋炀帝

大秦国主教阿罗本到长安,景教(即聂利斯托派,最早传入我国的基督教派别)开始在我国古代流行。

公元635年

隋唐盛世 > **杨广夺宠 >** 卷一百七十九◎隋纪三

可言。"文帝又问上仪同三司韦鼎:"我这些儿子,哪个可以继承皇位?"韦鼎回答:"陛下和皇后最喜爱的儿子应当继承皇位,这不是我敢预知的。"文帝笑道:"你不肯明说呀!"

晋王杨广容貌俊美,举止优雅,性情聪颖机敏,性格深沉持重;他喜好学习,擅长作文章,对朝中之士恭敬结交,待人非常礼貌谦卑,因此他的声誉很盛,高于文帝其他的儿子。

公元643年…

初唐杰出的工艺家与人物画家阎立本应诏画《凌烟阁功臣二十四人图》,此外,他还作有《历代帝王图》等。

隋唐盛世 > 李渊兴兵 > 卷一百八十四◎隋纪八

李渊兴兵(卷一百八十四◎隋纪八)

【原文】

隋恭帝义宁元年(丁丑,公元617年)

渊之起兵也,留守官发其坟墓,毁其五庙。至是,卫文升已卒。戊午,执阴世师、骨仪等,数以贪婪苛酷,且拒义师,俱斩之,死者十余人,余无所问。

马邑郡丞三原李靖,素与渊有隙,渊入城,将斩之,靖大呼曰:"公兴义兵,欲平暴乱,乃以私怨杀壮士乎?"世民为之固请,乃舍之。世民因召置幕府。靖少负志气,有文武才略,其舅韩擒虎每抚之曰:"可与言将帅之略者,独此子耳!"

【译文】

隋恭帝义宁元年(丁丑,公元617年)

李渊起兵后,留守官吏挖掘他家的坟墓,毁掉他家的五庙。到这时,卫文升已去世。戊午(十一日),李渊将阴世师、骨仪等人抓起来,历数他们的贪婪苛酷,以及抗拒义师的罪行,将他们全部处死,一共处死了十余人,其余的人不予追究。

马邑郡丞三原人李靖,平素就与李渊有矛盾,李渊入城,要杀掉李靖,李靖大喊道:"你兴义兵,想要平息暴乱,怎么

唐高祖李渊

名臣魏征去世,生前直言上谏200多次,其中大多数被太宗采纳。

公元643年

隋唐盛世 > | **李渊兴兵 >** | 卷一百八十四◎隋纪八

能因为私怨而杀壮士呢?"李世民替他再三请求,李渊才放了李靖。李世民就将李靖安排在自己的幕府里。李靖从小就有抱负有志气,又有文才武略,他舅舅韩擒虎常常抚摸着他说:"能够和我谈论将帅谋略的人,只有这个孩子!"

公元645年…

唐朝和尚玄奘为统一佛法取经,从天竺返回长安,翻译经论775部,著成《大唐西域记》。

隋唐盛世 > 深宫暗斗 > 卷一百九十◎唐纪六

深宫暗斗(卷一百九十◎唐纪六)

【原文】

唐高祖武德五年(壬午,公元622年)

上之起兵晋阳也,皆秦王世民之谋,上谓世民曰:"若事成,则天下皆汝所致,当以汝为太子。"世民拜且辞。及为唐王,将佐亦请以世民为世子,上将立之,世民固辞而止。太子建成,性宽简,喜酒色游畋;齐王元吉,多过失;皆无宠于上。世民功名日盛,上常有意以代建成,建成内不自安,乃与元吉协谋,共倾世民,各引树党友。

上晚年多内宠,小王且二十人,其母竞交结诸长子以自固。建成与元吉曲意事诸妃嫔,谄谀赂遗,无所不至,以求媚于上。世民独不奉事诸妃嫔,诸妃嫔争誉建成、元吉而短世民。

【译文】

唐高祖武德五年(壬午,公元622年)

高祖李渊在晋阳起兵,都是秦王李世民的计谋,高祖对李世民说:"如果事业成功,那么天下都是你带来的,该立你为太子。"李世民拜谢并推辞。待到高祖成为唐王,将领们也请求以李世民为世子,高祖准备立他,李世民坚决推辞才作罢。太子李建成性情松缓惰慢,喜欢饮酒,贪恋女色,爱打猎;齐王李元吉,常有过错,均不受高祖宠爱。李世民功勋名望日增,高祖常常有意让他取代李建成为太子,李建成心中不安,于是与李元吉共同谋划,一起排挤李世民,他们各自交结建立自己的党羽。

五月,唐太宗病逝。其在位期间"偃武修文",国力鼎盛,百姓安居乐业,史称"贞观之治"。

公元649年

隋唐盛世 > | **深宫暗斗 >** | 卷一百九十 ◎ 唐纪六

　　高祖晚年宠幸的妃嫔很多,有近二十位小王子,他们的母亲争相交结各位年长的王子来巩固自己的地位。李建成和李元吉都曲意侍奉各位妃嫔,奉承献媚、贿赂、馈赠,无所不用,以求得皇上的宠爱。唯有李世民不去讨好诸位妃嫔,诸妃嫔争相称赞李建成、李元吉而诋毁李世民。

【原文】

　　世民平洛阳,上使贵妃等数人诣洛阳选阅隋宫人及收府库珍物。贵妃等私从世民求宝货及为其亲属求官,世民曰:"宝货皆已籍奏,官当授贤才有功者。"皆不许,由是益怨。世民以淮安王神通有功,给田数十顷。张婕妤之父因婕妤求之于上,上手敕赐之,神通以教给在先,不与。婕妤诉于上曰:"敕赐妾父田,秦王夺之以与神通。"上遂发怒,责世民曰:"我手敕不如汝教邪!"他日,谓左仆射裴寂曰:"此儿久典兵在外,为书生所教,非复昔日子也。"尹德妃父阿鼠骄横,秦王府属杜如晦过其门,阿鼠家童数人曳如晦坠马,殴之,折一指,曰:"汝何人,敢过我门而不下马!"阿鼠恐世民诉于上,先使德妃奏云:"秦王左右陵暴妾家。"上复怒责世民曰:"我妃嫔家犹为汝左右所陵,况小民乎!"世民深自辩析,上终不信。

　　世民每侍宴宫中,对诸妃嫔,思太穆皇后早终,不得见上有天下,或嘘唏流涕,上顾之不乐。诸妃嫔因密共潛世民曰:"海内幸无事,陛下春秋高,唯宜相娱乐,而秦王每独涕泣,正是憎疾妾等,陛下万岁后,妾母子必不为秦王所容,无子遗矣!"因相与泣,且曰:"皇

公元655年…

高宗李治废王皇后,立武则天为后。不久,武后将废后和肖淑妃幽禁,斩去二人手足置酒瓮中折磨致死。

隋唐盛世 > | 深宫暗斗 > | 卷一百九十◎唐纪六

太子仁孝,陛下以妾母子属之,必能保全。"上为之怆然。由是无易太子意,待世民浸疏,而建成、元吉日亲矣。

【译文】

李世民平定洛阳,高祖让贵妃等几人到洛阳挑选隋朝宫女和收取仓库里的珍宝。贵妃等人私下向李世民要宝物并为自己的亲戚求官,李世民回答说:"宝物都已经登记在册上报朝廷了,官位应当授予贤德有才能和有功劳的人。"没有答应她们的任何要求,因此妃嫔们更加恨他。李世民因为淮安王李神通有功,拨给他几十顷田地。张婕妤的父亲通过张婕妤向高祖请求要这些田,高祖手写敕令将这些田赐给他,李神通因为秦王的教在先,不让田。张婕妤向高祖告状道:"皇上下令赐给我父亲的田地,被秦王夺去给了神通。"高祖因此发怒,责备李世民说:"难道我的手敕不如你的教吗?"过了几天,高祖对左仆射裴寂说:"这孩子长期在外掌握军队,受书生们教唆,已经不再是原来的那个儿子了。"尹德妃的父亲尹阿鼠骄横跋扈,秦王府的官员杜如晦经过他的门前,尹阿鼠的几名家童把杜如晦拽下马,揍了他一顿并打断了他一根手指,说道:

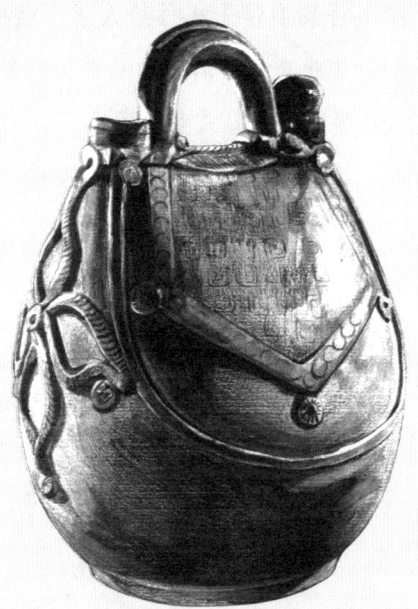

(唐)青瓷马镫壶

唐颁行的《新修本草》是世界上第一部官修药典，系统地总结了唐代以前本草学的成就。

公元659年

隋唐盛世 > 　深宫暗斗 > 　卷一百九十◎唐纪六

"你是什么人，胆敢过我的门前不下马！"尹阿鼠怕李世民告诉皇上，先让尹德妃对皇上说："秦王的亲信欺侮我家人。"高祖又生气地责备李世民说："我的妃嫔家都受你身边的人欺凌，何况是小老百姓！"李世民反复为自己辩解，但高祖始终不相信他。

李世民每次在宫中侍奉高祖宴饮，面对诸位妃嫔，想起母亲太穆皇后死得早，没能看到高祖拥有天下，有时不免叹气流泪，高祖看到后很不高兴。各位妃嫔趁机暗中一同诋毁李世民道："天下幸好平安无事，陛下年寿已高，只适合娱乐娱乐，而秦王总是一个人流泪，这实际上是憎恨我们，陛下作古后，我们母子必定不为秦王所容，会被杀得一个不留！"因此相互对着流泪，并且说："皇太子仁爱孝顺，陛下将我们母子托付给太子，必然能获得保全。"高祖也为此很伤心。从此高祖打消了改立太子的念头，对李世民逐渐疏远，而对李建成、李元吉却日益亲密了。

公元682年…

唐朝药王孙思邈卒,著有《急备千金药方》和《千金翼方》,这两部著作是对我国传统医学成就的系统总结。

隋唐盛世 > 玄武之变 > 卷一百九十一◎唐纪七

玄武之变（卷一百九十一◎唐纪七）

【原文】

唐高祖武德九年（丙戌，公元626年）

（六月）庚申，世民帅长孙无忌等入，伏兵于玄武门。张婕妤窃知世民表意，驰语建成。建成召元吉谋之，元吉曰："宜勒宫府兵，托疾不朝，以观形势。"建成曰："兵备已严，当与弟入参，自问消息。"乃俱入，趣玄武门。上时已召裴寂、萧瑀、陈叔达等，欲按其事。

建成、元吉至临湖殿，觉变，即跋马东归宫府。世民从而呼之，元吉张弓射世民，再三不彀，世民射建成，杀之。尉迟敬德将七十骑继至，左右射元吉坠马。世民马逸入林下，为木枝所挂，坠不能起。元吉遽至，夺弓将扼之，敬德跃马叱之。元吉步欲趣武德殿，敬德追射，杀之。翊卫车骑将军冯翊冯立闻建成死，叹曰："岂有生受其恩而死逃其难乎！"乃与副护军薛万彻、屈咥直府左车骑万年谢叔方帅东宫、齐府精兵二千驰趣玄武门。张公谨多力，独闭关以拒之，不得入。云麾将军敬君弘掌宿卫兵，屯玄武门，挺身出战，所亲止之曰："事未可知，且徐观变，俟兵集，成列而战，未晚也。"君弘不从，与中郎将吕世衡大呼而进，皆死之。君弘，显隽之曾孙也。守门兵与万彻等力战良久，万彻鼓噪欲攻秦府，将士大惧；尉迟敬德持建成、元吉首示之，宫府兵遂溃。万彻与数十骑亡入终南山。冯立既杀敬君弘，谓其徒曰："亦足以少报太子矣！"遂解兵，逃于野。

九月，侍御史傅游艺率百姓上表，百官、宗戚、四夷酋长、僧道等上表，武后遂称帝，改国号为周。

公元690年

隋唐盛世 > 玄武之变 > 卷一百九十一 ◎ 唐纪七

【译文】

唐高祖武德九年（丙戌，公元626年）

（六月）初四，李世民率领长孙无忌等人入朝，将兵力埋伏在玄武门。张婕妤暗中得知了李世民上表的大意，急忙前去告诉李建成。李建成将李元吉叫来商议此事，李元吉说："我们应当统率好东宫与齐王府中的军队，托称有病，不去上朝，以便观察形势。"李建成说："军队的防备已很严密了，我与你应当入朝参见，亲自打听消息。"于是，二人一起入朝，向着玄武门走来。当时，高祖已经将裴寂、萧瑀、陈叔达等人召集前来，准备查验这件事情了。

李建成与李元吉来到临湖殿的时候，察觉到发生了变故，立即勒转马头，准备向东返回东宫和齐王府。李世民跟在后面招呼他们，李元吉拉开弓射李世民，一连两三次，都没有将弓拉满，李世民箭射李建成，却将他射死了。尉迟敬德带领骑兵七十人相继赶到，他身边的将士将李元吉射下马来。李世民的坐骑奔入树林，被树枝挂住，倒在地上不能起来。李元吉迅速赶到，夺过弓来，准备掐死李世民，尉迟敬德跃马奔来大声呵斥他。李元吉打算步行前往武德殿，尉迟敬德追着射他，将他射死了。翊卫车骑将军冯翊冯立得知李建成死去的消息以后，叹息说："难道能够人家活着时蒙受人家的恩惠，人家一死便逃避人家的祸难吗？"于是，他与副护军薛万彻、屈直府左车骑万年谢叔方率领东宫和齐王府的精锐兵马两千人，急驰玄武门。张公谨力大过人，他独自关闭了大门，挡住冯立等人，冯立等人无法进入。云麾将军敬君弘掌管着宿卫军，驻扎在玄武门。他挺身而起，准备出战，与他亲近的人阻止他说："事情未见分晓，

公元691年……

狄仁杰拜相,一生断案无数,无一不审核周详,秉公处理,深得武则天重用,成为一代名臣。

隋唐盛世 > | 玄武之变 > | 卷一百九十一◎唐纪七

姑且慢慢观察事态的发展变化,等到兵力集合起来,结成阵列再出战,也是为时不晚的啊。"敬君弘不肯听从,便与中郎将吕世衡大声呼喊着奔向前去,结果全部战死。敬君弘是敬显雋的曾孙。把守玄武门的士兵与薛万彻等人奋力交战,持续了很长时间,薛万彻擂着鼓,呼喊着,准备进攻秦王府,将士们大为恐惧。这时,尉迟敬德提着李建成和李元吉的头颅,给薛万彻等人看,东宫和齐王府的人马因而溃散,薛万彻与骑兵数十人逃进终南山。冯立杀死敬君弘以后,对手下人说:"这也足够略微报答太子了。"于是,他丢掉兵器,落荒而逃。

【原文】

上方泛舟海池,世民使尉迟敬德入宿卫,敬擐甲持矛,直至上所。上大惊,问曰:"今日乱者谁邪?卿来此何为?"对曰:"秦王以太子、齐王作乱,举兵诛之,恐惊动陛下,遣臣宿卫。"上谓裴寂等曰:"不图今日乃见此事,当如之何?"萧瑀、陈叔达曰:"建成、元吉本不预义谋,又无功于天下,疾秦王功高望重,共为奸谋。今秦王已讨而诛之,秦王功盖宇宙,率土归心,陛下若处以元良,委之国务,无复事矣!"上曰:"善!此吾之夙心也。"时宿卫及秦府兵与二宫左右战犹未已,敬德请降手敕,令诸军并受秦王处分,上从之。

李世民手下名将秦琼

正月,张柬之等发动政变,杀张易之、张昌宗,中宗李显即位。二月,复国号唐。十一月,武则天去世。

公元705年

隋唐盛世 > | **玄武之变** > | 卷一百九十一 ◎唐纪七

天策府司马宇文士及自东上阁门出宣敕,众然后定。上又使黄门侍郎裴矩至东宫晓谕诸将卒,皆罢散。上乃召世民,抚之曰:"近日以来,几有投杼之惑。"世民跪而吮上乳,号恸久之。

【译文】

高祖正在海池划船。李世民让尉迟敬德入宫担任警卫,尉迟敬德身披铠甲,手握长矛,径直来到高祖所在的地方。高祖极为震惊,便问他说:"今天作乱的人是谁呀?你到这里来做什么?"尉迟敬德回答说:"由于太子和齐王作乱,秦王起兵诛杀了他们。秦王担心惊动陛下,便派我担任警卫。"高祖对裴寂等人说:"不料今天竟然会出现这种事情,你们认为应当怎么办呢?"萧瑀和陈叔达说:"李建成与李元吉原来就没有参与举义反隋的谋议,又没有为天下立下功劳。他们嫉妒秦王功勋大,威望高,便一起策划邪恶的阴谋。现在,秦王已经声讨并诛杀了他们,秦王的功绩布满天下,我国疆域以内的人们都诚心归向于他。如果陛下能够决定立他为太子,将国家政务交托给他,就不会再发生事端了。"高祖说:"好!这也正是我平素的心愿啊。"当时,宿卫军和秦王府的兵马与东宫和齐王府的亲信交战还没有停止,尉迟敬德请求高祖颁布亲笔敕令,命令各军一律接受秦王的处置,高祖听从了他的建议。天策府司马宇文士及由东上阁门出来宣布敕令,大家便安定下来。高祖又让黄门侍郎裴矩前往东宫开导各个将士,将士们便都弃职散开。于是,高祖传召李世民前来,抚慰他说:"近些日子以来,我几乎出现了曾母误听曾参杀人而丢开织具逃走的疑惑。"李世民跪了下来,伏在高祖的胸前,长时间地放声痛哭。

公元725年…

一行和梁令瓒及诸术士合作,制成铜铸球形水运浑天仪——既能表示天体运动,又能指示时间。

隋唐盛世 > | 魏征进谏 > | 卷一百九十二◎唐纪八

魏征进谏(卷一百九十二◎唐纪八)

【原文】

唐太宗贞观元年(丁亥,公元627年)

壬申,上谓太子少师萧瑀曰:"朕少好弓矢,得良弓十数,自谓无以加,近以示弓工,乃曰'皆非良材'。朕问其故,工曰:'木心不直,则脉理皆邪,弓虽劲而发矢不直。'朕始寤向者辨之未精也。朕以弓矢定四方,识之犹未能尽,况天下之务,其能遍知乎!"乃命京官五品以上更宿中书内省,数延见,问以民间疾苦,政事得失。

秋,七月,壬子,以吏部尚书长孙无忌为右仆射。无忌与上为布衣交,加以外戚,有佐命功,上委以腹心,其礼遇群臣莫及,欲用为宰相者数矣。文德皇后固请曰:"妾备位椒房,家之贵宠极矣,诚不愿兄弟复执国政。吕、霍、上官,可为切骨之戒,幸陛下矜察!"上不听,卒用之。

【译文】

唐太宗贞观元年(丁亥,公元627年)

壬申(闰三月二十日),太宗

唐太宗李世民

唐朝封南诏皮罗阁为云南王,赐姓名为蒙归义。皮罗阁统一六诏,打败吐蕃,迁都太和城。

公元738年

隋唐盛世 >　　**魏征进谏 >**　　卷一百九十二◎唐纪八

长孙无忌

对太子少师萧瑀说:"朕年轻时喜好弓箭,曾得到十几张好弓,自认为没有能超过它们的,最近拿给做弓箭的弓匠看,他说:'都不是好材料。'朕问他原因,弓匠说:'弓子木料的中心部分不直,所以脉纹也都是斜的,弓力虽强劲但箭发出去不走直线。'朕这才醒悟以前对弓箭的性能分辨不清。朕以弓箭平定天下,而对弓箭的性能还没有能完全认识清楚,何况对于天下的事务,又怎么能遍知其理呢!"

于是下令在京五品以上官员,轮流在中书内省值夜班,太宗多次接见他们,询问民间百姓疾苦和政治得失。

秋季,七月壬子(初二),任命吏部尚书长孙无忌为尚书右仆射。长孙无忌与太宗早年为布衣之交,加上皇后兄长的外戚身份,又有辅佐太宗即位的大功,太宗视为心腹,对他的礼遇无人堪比,几次想重用他为宰相。文德皇后固执地请求说:"妾身为皇后,家族的尊贵荣耀已达到顶点,实在不愿意妾的兄弟再去执掌国政。汉代的吕、霍、上官三家外戚的事情都是痛彻骨髓的前车之鉴,望陛下体恤明察!"太宗不听,最后还是予以重用。

公元742年…

李白被唐玄宗下诏征赴长安,"仰天大笑出门去,我辈岂是蓬蒿人"写出了诗人当时的喜悦。

隋唐盛世 > 魏征进谏 > 卷一百九十二◎唐纪八

【原文】

或告右丞魏征私其亲戚,上使御史大夫温彦博按之,无状。彦博言于上曰:"征不存形迹,远避嫌疑,心虽无私,亦有可责。"上令彦博让征,且曰:"自今宜存形迹。"他日,征入见,言于上曰:"臣闻君臣同体,宜相与尽诚;若上下俱存形迹,则国之兴丧尚未可知,臣不敢奉诏。"上瞿然曰:"吾已悔之。"征再拜曰:"臣幸得奉事陛下,愿使臣为良臣,勿为忠臣。"上曰:"忠、良有以异乎?"对曰:"稷、契、皋陶,君臣协心,俱享尊荣,所谓良臣。龙逄、比干,面折廷争,身诛国亡,所谓忠臣。"上悦,赐绢五百匹。

【译文】

有人告发右丞魏征偏袒他的亲属,太宗派御史大夫温彦博查问,没有实据。温彦博对太宗说:"魏征不做任何表示,已远远地避开嫌疑,内心虽然无私,但也有应责备的地方。"太宗让温彦博去数落魏征,而且说道:"从今以后,应有所表示。"有一天,魏征上朝,对太宗说:"我听说君主与臣下一体,应彼此竭诚相待;如果上下都要求有所表

魏征

八月，唐玄宗册封杨玉环为贵妃，杨氏家族备受恩宠，声震天下。

公元745年

隋唐盛世 > | 魏征进谏 > | 卷一百九十二◎唐纪八

示，那么国家的兴亡就难以预料了，臣不敢接受这个诏令。"太宗吃惊地说："我已经后悔了。"魏征拜了两拜道："臣很荣幸能为陛下做事，愿陛下让臣做良臣，不要让臣做忠臣。"太宗问："忠、良有什么区别吗？"回答道："后稷、契、皋陶，君臣齐心合力，共享荣耀，这就是所说的良臣。龙逄、比干，犯颜直谏，身死国亡，这就是所说的忠臣。"太宗听后十分高兴，赐给魏征绢五百匹。

公元755年…

十一月，安禄山与史思明以讨伐杨国忠为名，在范阳起兵，"安史之乱"开始。十二月，叛军攻下洛阳。

隋唐盛世 > 房谋杜断 > 卷一百九十三◎唐纪九

房谋杜断（卷一百九十三◎唐纪九）

【原文】

唐太宗贞观三年（己丑，公元629年）

丁巳，上谓房玄龄、杜如晦曰："公为仆射，当广求贤人，随才授任，此宰相之职也。比闻听受辞讼，日不暇给，安能助朕求贤乎！"因敕"尚书细务属左右丞，唯大事应奏者，乃关仆射。"

玄龄明达政事，辅以文学，夙夜尽心，惟恐一物失所；用法宽平，闻人有善，若己有之，不以求备取人，不以己长格物。与杜如晦引拔士类，常如不及。至于台阁规模，皆二人所定。上每与玄龄谋事，必曰："非如晦不能决。"及如晦至，卒用玄龄之策。盖玄龄善谋，如晦能断故也。二人深相得，同心徇国，故唐世称贤相者，推房、杜焉。玄龄虽蒙宠待，或以事被遣，辄累日诣朝堂，稽颡请罪，恐惧若无所容。

【译文】

唐太宗贞观三年（己丑，公元629年）

丁巳（三月十六日），太宗对房玄龄、杜如晦说："你们身为仆射，应当广求天下贤才，因才授官，这是宰相的职责。近来听说你们受理辞讼案情，怎么能帮助朕求得贤才呢？"因此下令："尚书

房玄龄

正月，安禄山称帝于洛阳，国号燕。六月，攻破潼关。玄宗逃至马嵬驿，将士杀杨国忠，缢杀杨贵妃。

公元756年

隋唐盛世 > | **房谋杜断 >** | 卷一百九十三◎唐纪九

杜如晦

省琐细事务归尚书左右丞掌管，只有应当奏明的大事，才由左右仆射处理。"

房玄龄通晓政务，又有文采，昼夜操劳，唯恐偶有差池；运用法令宽和平正，听到别人的长处，便如同自己所有，待人不求全责备，不以己之所长要求别人，与杜如晦一起提拔后进，不遗余力。至于尚书省的制度程式，均系二人所定。太宗每次与房玄龄谋划政事，一定要说："非杜如晦不能敲定。"等到杜如晦来，最后还是采用房玄龄的建议。这是因为房玄龄善于谋略，杜如晦长于决断。二人深相投合，同心为国出力，所以唐朝称为贤相者，首推房、杜二人。房玄龄虽然多蒙太宗宠爱，有时因某事受谴责，总是一连数日到朝堂内，磕头请罪，恐惧得好像无地自容。

公元770年…

唐代现实主义诗人、"诗圣"杜甫去世。其诗反映了唐代盛衰历史,被称为"诗史",其著作辑为《杜工部集》。

隋唐盛世 > 文成入蕃 > 卷一百九十六◎唐纪十二

文成入蕃(卷一百九十六◎唐纪十二)

【原文】

唐太宗贞观十五年(辛丑,公元641年)

春,正月,甲戌,以吐蕃禄东赞为右卫大将军。上嘉禄东赞善应对,以琅邪公主外孙段氏妻之;辞曰:"臣国中自有妇,父母所聘,不可弃也。且赞普未得谒公主,陪臣何敢先娶!"上益贤之,然欲抚以厚恩,竟不从其志。

丁丑,命礼部尚书江夏王道宗持节送文成公主于吐蕃。赞普大喜,见道宗,尽子婿礼,慕中国衣服、仪卫之美,为公主别筑城郭宫室而处之,自服纨绮以见公主。其国人皆以赭涂面,公主恶之,赞普下令禁之;亦渐革其猜暴之性,遣子弟入国学,受《诗》《书》。

【译文】

唐太宗贞观十五年(辛丑,公元641年)

春季,正月,甲戌(十二日),唐朝廷任命吐蕃禄东赞为右卫大将军。太宗嘉许禄东赞善于应对,欲将琅邪公主的外孙女段氏嫁给他为妻,禄东赞推辞说:"臣在本国中自有妻子,是父母为我聘娶的,不能够抛弃。而且我们的赞普首领还未曾迎娶公主,陪臣我怎么敢先娶!"太宗更加赞赏他,然而想要以厚礼隆恩加以抚慰,他最后还是没有从命。

丁丑(十五日),太宗令礼部尚书、江夏王李道宗持旌节护送文成公主到吐蕃。吐蕃赞普非常高兴,见到李道宗,完全按婿礼行事,羡慕

太子太师颜真卿被李希烈杀死。唐代书法可称我国书法艺术发展史上的顶峰，颜真卿最具成就。

公元784年

隋唐盛世 > | **文成入蕃 >** | 卷一百九十六◎唐纪十二

唐朝的服装和仪仗之美，将公主安置在特意营筑的城郭宫室之内，自己穿戴着精美的丝绸服装与公主见面。吐蕃人的脸上都涂着红褐色，公主感到厌恶，赞普便下令禁止涂面；并且逐渐改变其猜忌粗暴的本性，派遣本族子弟到长安国子学，学习《诗经》《尚书》等典籍。

公元799年…

唐朝陆羽著《茶经》,总结了前朝种、制和饮茶的经验及他本人的体会,《茶经》是世界上第一部关于茶的专著。

隋唐盛世 > 武氏专权 > 卷二百零四◎唐纪二十

武氏专权(卷二百零四◎唐纪二十)

【原文】

则天皇后天授元年(庚寅,公元690年)

太后欲以太平公主妻其伯父士让之孙攸暨,攸暨时为右卫中郎将,太后潜使人杀其妻而妻之。公主方额广颐,多权略,太后以为类己,宠爱特厚,常与密议天下事。旧制,食邑,诸王不过千户,公主不过三百五十户;太平食邑独累加至三千户。

【译文】

则天皇后天授元年(庚寅,公元690年)

太后想将女儿太平公主嫁给她伯父武士让的孙子武攸暨。武攸暨当时任右卫中郎将,太后秘密指使人杀死他的妻子后将女儿嫁给他。太平公主方额大腮,多权变谋略,太后以为同自己相像,因此特别宠爱她,常同她秘密商议天下大事。按旧制规定,朝廷赐给封户,诸王不能超过一千户,公主不能超过三百五十户;唯独太平公主却连续追加至三千户。

【原文】

九月,丙子,侍御史汲人傅游艺帅关中百姓九百余人诣阙上表,请改国号曰周,赐皇帝姓武氏。太后不许,擢游艺为给事中。于是百官及帝室宗戚、远近百姓、四夷酋长、沙门、道士合六万余人,俱上表如游艺所请,皇帝亦上表自请赐姓武氏。戊寅,群臣上言:"有凤

杜佑撰《通典》成,此书分食货、选举、职官、礼、乐、兵、刑、州郡、边防,是第一部完整的典志体通史。

公元801年

隋唐盛世 > 　武氏专权 > 　卷二百零四◎唐纪二十

武则天时的名臣狄仁杰

皇自明堂飞入上阳宫,还集左台梧桐之上,久之,飞东南去;及赤雀数万集朝堂。"

庚辰,太后可皇帝及群臣之请。壬午,御则天楼,赦天下,以唐为周,改元。乙酉,上尊号曰圣神皇帝,以皇帝为皇嗣,赐姓武氏;以皇太子为皇孙。

【译文】

九月丙子(初三),侍御史汲县人傅游艺率领关中百姓九百余人到皇宫前上奏表,请求改国号为周,赐皇帝姓武氏。太后没有允许;但提升傅游艺任给事中。于是百官以及皇室的同宗亲属、远近百姓、四夷的酋长、和尚、道士共六万余人,都上表提出同傅游艺一样的请求,皇帝也上表自己请求赐姓武氏。戊寅(初五),群臣进言:"有凤凰从明堂飞入上阳宫,又飞回停在左台的梧桐树上,过了很久,才向东南飞去;还有赤雀数万只飞集朝堂。"

庚辰(初七),太后同意皇帝及群臣的请求。壬午(初九),太后上则天门城楼,宣布大赦天下,改唐为周,更改年号。乙酉(十二日),皇上尊号称圣神皇帝,以皇帝为皇位继承人,赐姓武氏;以皇太子为皇孙。

公元819年…

唐宪宗迎法门寺佛骨至京师，刑部侍郎韩愈因上表劝谏而被贬。柳宗元病故。

隋唐盛世 > 二相治国 > 卷二百一十一◎唐纪二十七

二相治国（卷二百一十一◎唐纪二十七）

【原文】

唐玄宗开元三年（乙卯，公元715年）

春，正月，癸卯，以卢怀慎检校吏部尚书兼黄门监。怀慎清谨俭素，不营资产，虽贵为卿相，所得俸赐，随散亲旧。妻子不免饥寒，所居不蔽风雨。

姚崇尝有子丧，谒告十余日，政事委积。怀慎不能决，惶恐，入谢于上。上曰："朕以天下事委姚崇，以卿坐镇雅俗耳。"崇既出，须臾，裁决俱尽，颇有得色，顾谓紫微舍人齐澣曰："余为相，可比何人？"澣未对。崇曰："何如管、晏？"澣曰："管、晏之法虽不能施于后，犹能没身。公所为法，随复更之，似不及也。"崇曰："然则竟如何？"澣曰："公可谓救时之相耳。"崇喜，投笔曰："救时之相，岂易得乎！"

怀慎与崇同为相，自以才不及崇，每事推之，时人谓之"伴食宰相"。

【译文】

唐玄宗开元三年（乙卯，公元715年）

春季，正月，癸卯（二十日），唐玄宗任命卢怀慎为检校吏部尚书兼黄门监。卢怀慎为官清廉谨慎，生活节俭朴素，从不谋求资财产业。虽然做了卿相的高官，但常将得到的俸禄和赏赐随手周济亲朋故旧。因而他自己的妻子、儿女的生活不能免于饥寒，他所住的房子也

文学家韩愈卒。他生前反对骈体文，力倡古文，为唐宋八大家之首，著有《韩昌黎集》。

公元824年

隋唐盛世 > 　二相治国 > 　卷二百一十一◎唐纪二十七

姚崇

因长期失修而难以遮风挡雨。

姚崇曾有一次为儿子办丧事请了十几天的假，从而使得应当处理的政务堆积成山，卢怀慎无法决断，感到十分惶恐，入朝向玄宗谢罪。唐玄宗对他说："朕把天下之事委托给姚崇，只是想让您安坐而对雅士俗人起镇抚作用罢了。"姚崇假满复出之后，只用了一会儿功夫便将未决之事处理完毕，不禁面有得意之色，回头对紫微舍人齐澣道："我做宰相，可以与历史上哪些宰相相比？"齐澣没有回答。姚崇继续问道："我与管仲、晏婴相比，谁更好些？"齐澣回答说："管仲、晏婴所奉行的法度虽然未能传之后世，起码也做到终身实施。您所制定的法度则随时更改，似乎比不上他们。"姚崇又问道："那么到底我是什么样的宰相呢？"齐澣回答说："您可以说是一位救时之相。"姚崇听后十分高兴，将手中的笔扔在桌案上说："一位救时宰相，也是不容易找到的呀！"

卢怀慎与姚崇同时担任宰相，自认为才能不及姚崇，所以每遇到一件事，都要请姚崇处理，当时的人将他称为"伴食宰相"。

公元846年…

宣宗罢免丞相李德裕，"牛李党争"结束。白居易卒，生前积极倡导新乐府运动，以诗文讥讽时政。

隋唐盛世 > 贵妃宠侍 > 卷二百一十五◎唐纪三十一

贵妃宠侍（卷二百一十五◎唐纪三十一）

【原文】

唐玄宗天宝四年（乙酉，公元745年）

八月，壬寅，册杨太真为贵妃。赠其父玄琰兵部尚书，以其叔父玄珪为光禄卿，从兄铦为殿中少监，锜为驸马都尉。癸卯，册武惠妃女为太华公主，命锜尚之。及贵妃三姊，皆赐第京师，宠贵赫然。

【译文】

唐玄宗天宝四年（乙酉，公元745年）

八月壬寅（十七日）玄宗册封杨太真为贵妃。追赠其父亲杨玄琰为兵部尚书，任命其叔父杨玄珪为光禄卿，堂兄杨铦为殿中少监，杨锜为驸马都尉。癸卯（十八日），册封武惠妃的女儿为太华公主，并命杨锜娶其为妻。杨贵妃的三个姐姐，都在京师赐给宅第，宠贵无比。

【原文】

唐玄宗天宝五年（丙戌，公元746年）

杨贵妃方有宠，每乘马则高力士执辔授鞭，织绣之工专供贵妃院者七百人，中外争献器服珍玩。岭南经略使张九章，广陵长史王翼，以所献精美，九章加三品，翼入为户部侍郎；天下从风而靡。民间歌

杨贵妃

晚唐书法家柳公权卒。柳公权官至太子少师,书法自成一家,与颜真卿齐名,人称"颜筋柳骨"。

公元865年

隋唐盛世 > 贵妃宠侍 > 卷二百一十五◎唐纪三十一

之曰:"生男勿喜女勿悲,君今看女作门楣。"妃欲得生荔枝,岁命岭南驰驿致之,比至长安,色味不变。

至是,妃以妒悍不逊,上怒,命送归兄铦之第。是日,上不怿,比日中,犹未食。左右动不称旨,横被棰挞。高力士欲尝上意,请悉载院中储偫送贵妃,凡百余车;上自分御膳以赐之。及夜,力士伏奏请迎贵妃归院,遂开禁门而入。自是恩遇愈隆,后宫莫得进矣。

【译文】

唐玄宗天宝五年(丙戌,公元746年)

杨贵妃正受到玄宗的宠爱,每次骑马时,高力士都为她执鞭牵马,专门为杨贵妃织锦绣衣服的工匠多达七百人,朝野内外都争着进献器物、衣服、珍宝。岭南经略使张九章与广陵长史王翼,因为所进献的物品精美而被加官,张九章加为三品官,王翼入朝为户部侍郎。

唐玄宗

天下的官吏都纷纷效仿。因此民间歌唱道:"生男勿喜女勿悲,君今看女作门楣。"杨贵妃喜欢吃新鲜荔枝,玄宗就命令岭南每年都用驿马飞驰送来,到了长安,色味仍然不变。

这时,杨贵妃因为嫉妒、泼悍、无礼,激怒了玄宗,所以就下令把贵妃送回

公元868年…

王玠为父母雕印的《金刚般若波罗蜜经》付印完成，保存至今，成为我国现存年代最早的木雕版印刷品。

隋唐盛世 > | 贵妃宠侍 > | 卷二百一十五◎唐纪三十一

她哥哥杨铦的家里。这一天，玄宗闷闷不乐，到了中午，还没有吃饭。左右人的行动都不满他的意，被粗暴鞭打。高力士想要试玄宗的意，就请把贵妃院中储备待用的器物送给贵妃，总共装了一百多车；玄宗又把自己吃的食物分赐给贵妃。到了晚上，高力士又跪下奏请接回贵妃，于是打开禁门让贵妃入宫。从此杨贵妃愈发受到宠爱，后宫其他人都受到冷落。

唐玄宗与杨贵妃

微信扫码
☑拓展视频 ☑图文资讯
☑趣味测评 ☑阅读分享

资治通鉴

十一月，黄巢率义军攻克东都。十二月，僖宗与宦官田令孜等奔蜀，义军攻入长安，黄巢称帝，国号大齐。

公元880年

隋唐盛世 > | 黄巢兵败 > | 卷二百五十六◎唐纪七十二

黄巢兵败（卷二百五十六◎唐纪七十二）

【原文】

唐僖宗中和四年（甲辰，公元884年）

甲辰，武宁将李师悦与尚让追黄巢至瑕丘，败之。巢众殆尽，走至狼虎谷，丙午，巢甥林言斩巢兄弟妻子首，将诣时溥，遇沙陀博野军，夺之，并斩言首以献于溥。

【译文】

唐僖宗中和四年（甲辰，公元884年）

甲辰（六月十五日），武宁将军李师悦与尚让追击黄巢到瑕丘，打败黄巢。黄巢的人马所剩无几，逃到泰山东南狼虎谷。十七日，黄巢的外甥林言斩下黄巢及其兄弟、妻子头颅，正要送到时溥那里，遇上了沙陀人博野军，将头颅夺去，并砍下林言的脑袋，一同献给了时溥。

十国 五代

从贞观四年（630年）至本年，日本共19次遣唐使来华，加强了中日文化交流。

公元894年

五代十国 > | 梁晋之争 > | 卷二百七十一◎后梁纪六

梁晋之争（卷二百七十一◎后梁纪六）

【原文】

后梁均王贞明五年（己卯，公元919年）

晋王如魏州，发徒数万，广德胜北城，日与梁人争，大小百余战，互有胜负。左射军使石敬瑭与梁人战于河壖，梁人击敬瑭，断其马甲，横冲兵马使刘知远以所乘马授之，自乘断甲者徐行为殿。梁人疑有伏，不敢迫，俱得免。敬瑭以是亲爱之。敬瑭、知远，其先皆沙陀人。敬瑭，李嗣源之婿也。

【译文】

后梁均王贞明五年（己卯，公元919年）

晋王到魏州，派数万名士卒扩建德胜北城，每天都和后梁争战，大小战斗百余次，互有胜负。左射军使石敬瑭和后梁军在黄河边上交战，后梁军攻打石敬瑭，击断了石敬瑭战马的铠甲，横冲兵马使刘知远把自己的乘马给了石敬瑭，自己骑着断了甲的马在军队的后面慢慢走。后梁军怀疑晋军有伏兵，不敢靠近，因此他们都幸免于难。因此，石敬瑭更加亲近喜爱刘知远。石敬瑭、刘知远的先人都是沙陀人。石敬瑭是李嗣源的女婿。

【原文】

梁筑垒贮粮于潘张，距杨村五十里。十二月，晋王自将骑兵自河南岸西上，邀其饷者，俘获而还。梁人伏兵于要路，晋兵大败。晋

公元905年…

六月，朱全忠贬逐朝臣，于白马驿杀被。贬朝官三十余人，投尸于黄河，史称"白马驿之祸"。

五代十国 > | 梁晋之争 > | 卷二百七十一 ◎ 后梁纪六

王以数骑走，梁数百骑围之，李绍荣识其旗，单骑奋击救之，仅免。戊戌，晋王复与王瓒战于河南，瓒先胜，获晋将石君立等；既而大败，乘小舟渡河，走保北城，失亡万计。帝闻石君立勇，欲将之，系于狱而厚饷之，使人诱。君立曰："我晋之败将，而为用于梁，虽竭诚效死，谁则信之！人各有君，何忍反为仇人用哉！"帝犹惜之，尽杀所获晋将，独置君立。晋王乘胜遂拔濮阳。帝召王瓒还，以天平节度使戴思远代为北面招讨使，屯河上以拒晋人。

梁太祖朱全忠

【译文】

后梁军在潘张修筑营垒，储蓄粮食，潘张离杨村五十里。十二月，晋王率领骑兵从黄河南岸向西行进，阻截后梁军的送粮人，俘虏了送粮人而返。后梁在要害路段埋伏了士兵，晋军大败。晋王领着几个骑兵逃走，后梁军用几百骑兵包围了他们。晋将李绍荣认出是自己军队的旗帜，就一个人骑马去奋力解救晋王，仅使晋王免于一死。戊戌（初五），晋王又和王瓒在黄河南岸交战，王瓒先取得胜利，俘获了晋将石君立等。过了一阵，王瓒的军队被晋军打败，王瓒乘小船渡过黄河，跑回北城坚守。这次战败，有一万多士卒逃跑或被杀。后梁帝听说石君立非常勇敢，打算让他做自己的将领，把他关在监狱里，

为使近海田地不受海潮侵蚀,吴越王钱镠命修筑捍海石塘,故名"钱塘"。

公元910年

五代十国 > 梁晋之争 > 卷二百七十一◎后梁纪六

五代时期武士

给他丰厚的待遇,并派人去劝诱他。石君立说:"我是晋军的败将,如果在梁国被起用,虽竭诚效死,有谁能相信我呢?每个人都有自己的君主,怎么能忍心被仇人所用呢?"梁王还是很爱惜他,把俘获的其他晋将全部杀掉,只留下了石君立。晋王乘胜前进,一举攻下了濮阳。后梁帝把王瓒召回,任命天平节度使戴思远代理北面招讨使,驻扎在黄河抵御晋军。

公元916年…

耶律阿保机自称皇帝，国号契丹，建元神册，国人称天皇王，是为太祖。

五代十国 > 后唐当立 > 卷二百七十二◎后唐纪一

后唐当立（卷二百七十二◎后唐纪一）

【原文】

后唐庄宗同光元年（癸未，公元923年）

时契丹屡入寇，钞掠馈运，幽州食不支半年。卫州为梁所取，潞州内叛，人情岌岌，以为梁未可取，帝患之。会郓州将卢顺密来奔。先是，梁天平节度使戴思远屯杨村，留顺密与巡检使刘遂严、都指挥使燕颙守郓州。顺密言于帝曰："郓州守兵不满千人，遂严、颙皆失众心，可袭取也。"郭崇韬等皆以为："悬军远袭，万一不利，虚弃数千人，顺密不可从。"帝密召李嗣源于帐中谋之曰："梁人志在吞泽潞，不备东方，若得东平，则溃其心腹。东平果可取乎？"嗣源自胡柳有渡河之惭，常欲立奇功以补过，对曰："今用兵岁久，生民疲弊，苟非出奇取胜，大功何由可成！臣愿独当此役，必有以报。"帝悦。壬寅，遣嗣源将所部精兵五千自德胜趣郓州。比及杨刘，日已暮，阴雨道黑，将士皆不欲进。高行周曰："此天赞我也，彼必无备。"夜，渡河至城下，郓人不知，李从珂先登，杀守卒，启关纳外兵，进攻牙城，城中大扰。癸卯旦，嗣源兵尽入，遂拔牙城。刘遂严、燕颙奔大梁。嗣源禁焚掠，抚吏民，执知州事节度副使崔笃、判官赵凤送兴唐。帝大喜曰："总管真奇才，吾事集矣。"即以嗣源为天平节度使。

【译文】

后唐庄宗同光元年（癸未，公元923年）

这时契丹人经常入侵后唐，夺其粮食，幽州的粮食不够半年用，

四月,李克用之子、后梁晋王李存勖称帝,国号唐。十月,李存勖攻灭后梁,建都洛阳,史称后唐。

公元923年

五代十国 > | **后唐当立 >** | 卷二百七十二◎后唐纪一

后唐货币"乾封泉宝"

卫州被后梁夺取,潞州内部也发生叛乱,人们都感到危机,认为不能消灭后梁,后唐帝也为此担忧。正好后梁郓州将领卢顺密来降。此前,后梁天平节度使戴思远驻扎在杨村,留下卢顺密和巡检使刘遂严、都指挥使燕颙驻守郓州。卢顺密跟后唐帝说:"驻守郓州的士兵不足一千,刘遂严和燕颙都失了民心,可以攻郓州。"郭崇韬等都认为:"孤军远征,万一不利,白白丢掉数千人,卢顺密的话不可信。"后唐帝秘密召见李嗣源,在帷帐中谋划说:"梁人的计划是吞并泽州、潞州,东边无防备,如果能取得东平,就击败了后梁心腹之地。东平可夺吗?"李嗣源自从在胡柳战役中因为没有跟从晋王率兵北渡黄河,一直感到惭愧,经常打算建立奇功来弥补过错,于是他回答后唐帝说:"现在打了多年仗,百姓们都很疲惫,如果不出奇制胜,怎能成就大功!臣希望自己挑起此战重担,一定会有好消息报告陛下。"后唐帝很高兴。壬寅(闰四月二十八日),派李嗣源率领他的五千精锐从德胜直取郓州。到达杨刘时,太阳已经落山,阴雨绵绵,

公元926年…

因蜀被唐灭，前蜀词人毛文锡随后主王衍降后唐，不久入川事后蜀孟氏，著有《前蜀纪事》《茶谱》。

五代十国 > | **后唐当立 >** | 卷二百七十二◎后唐纪一

道路漆黑，将士们都不想继续前进了。高行周说："天助我也，他们一定毫无准备。"黑夜，渡过黄河到了城下，郓州人根本不知道，李从珂首先登上城门，杀死守城门的士卒，打开城门让队伍进去，接着进攻牙城，城中大乱。癸卯（二十九日）早晨，李嗣源的部队全部进城，攻下牙城。刘遂严、燕颙逃奔到大梁。李嗣源禁止士卒在城内烧抢，安抚百姓，只把知州事节度副使崔笏、判官赵凤押送到兴唐。后唐帝十分高兴地说："总管你真是奇才，我们成功了。"马上任命李嗣源为天平节度使。

泥塑辽太祖耶律阿保机

后唐宰相冯道校定、刻版、印卖《九经》(周礼、仪礼、礼记、左传、公羊传、谷梁传、易、书、诗)。

公元932年

五代十国 > 石郎造反 > 卷二百八十◎后晋纪一

石郎造反（卷二百八十◎后晋纪一）

【原文】

后晋高祖天福元年（丙申，公元936年）

（九月辛丑）是夕，敬瑭出北门，见契丹主。契丹主执敬瑭手，恨相见之晚。敬瑭问曰："皇帝远来，士马疲倦，遽与唐战而大胜，何也？"契丹主曰："始吾自北来，谓唐必断雁门诸路，伏兵险要，则吾不可得进矣。使人侦视，皆无之。吾是以长驱深入，知大事必济也。兵既相接，我气方锐，彼气方沮，若不乘此急击之，旷日持久，则胜负未可知矣。此吾所以亟战而胜，不可以劳逸常理论也。"敬瑭甚叹伏。

壬寅，敬瑭引兵会契丹围晋安寨，置营于晋安之南，长百余里，厚五十里，多设铃索吠犬，人跬步不能过。敬达等士卒犹五万人，马万匹，四顾无所之。甲辰，敬达遣使告败于唐，自是声问不复通。

（五代）彩绘木塔

公元936年…

后唐河东节度使石敬瑭反唐,向契丹求助。耶律德光出兵大败唐军,册立石敬瑭为大晋皇帝,史称"后晋"。

五代十国 > 石郎造反 > 卷二百八十◎后晋纪一

唐主大惧,遣彰圣都指挥使符彦饶将洛阳步骑兵屯河阳,诏天雄节度使兼中书令范延光将魏州兵二万由青山趣榆次,卢龙节度使、东北面招讨使兼中书令北平王赵德钧将幽州兵出契丹军后,耀州防御使潘环纠合西路戍兵,由晋、绛两乳岭出慈、隰,共救晋安寨。契丹主移帐于柳林,游骑过石会关,不见唐兵。

【译文】

(九月十五日)这天晚上,石敬瑭出北门,会见契丹主。契丹主握住石敬瑭的手,只恨相见之晚。石敬瑭问道:"皇帝远道而来,兵马疲倦,仓促之间同唐兵作战却取得大胜,这是什么原因?"契丹主说:"开始我从北面过来,以为唐兵必然要切断雁门的各条道路,埋伏兵众在险要之地,那样我就不能顺利前进了。我派人侦察,发现断路和伏险都没有。这样,我才得以长驱深入,知道大事必然成功了。兵马相接以后,我方气势正锐盛,彼方气势正沮丧,如果不趁此时急速攻击他,旷日持久,那谁胜谁负就不可预料了。这就是我之所以速战而胜的道理,不能用谁劳谁逸的通常道理来衡量了。"石敬瑭听了很是叹服。

壬寅(十六日),石敬瑭率领兵马会合契丹军包围了晋安寨,在晋安的南面设置营地,长一百多里,宽五十里,密布带铃索的吠犬,人们连半步也过不去。此时张敬达等的士兵尚有五万人,马有万匹,四面张望,不知往哪里去。甲辰(十八日),张敬达派出使者向后唐朝廷报告打了败仗,此后便没有再通音讯。后唐主极恐惧,派遣彰圣都指挥使符彦饶统领洛阳步兵、骑兵屯扎在河阳,后唐末帝下诏令天雄节度使兼中

> 后晋高祖石敬瑭于契丹奉表称臣,称耶律德光为父皇帝,每年向契丹入贡金帛且割让幽云十六州。

公元938年

五代十国 > | **石郎造反 >** | 卷二百八十◎后晋纪一

书令范延光统领魏州兵两万从邢州青山奔赴榆次,卢龙节度使、东北面招讨使兼中书令北平王赵德钧统领幽州兵从契丹军阵后出击,耀州防御使潘环纠合西路守戍的兵士从晋州、绛州间的两乳岭出兵向慈州、隰州共同营救晋安寨。契丹主把军帐移到柳林,流动的骑兵过了石会关,还没有遇到唐兵。

【原文】

丁未,唐主下诏亲征。辛亥,帝如怀州。

帝以晋安为忧,问策于群臣,吏部侍郎永清龙敏请立李赞华为契丹主,令天雄、卢龙二镇分兵送之,自幽州趣西楼,朝廷露檄言之,契丹主必有内顾之忧,然后选募军中精锐以击之,此亦解围之一策也。帝深以为然,而执政恐其无成,议竟不决。

帝忧沮形于神色,但日夕酣饮悲歌。群臣或劝其北行,则曰:"卿勿言,石郎使我心胆堕地!"

【译文】

丁未(二十一日),后唐主下诏书,宣布亲征。辛亥(二十五日),末帝去怀州。

末帝忧虑晋安的军事形势,向群臣询问对策,吏部侍郎永清人龙敏建议立李赞华为契丹国主,命令天雄、卢龙二镇分兵送他归国,从幽州趋向西楼,朝廷透露檄文的内容,讲出这件事情,契丹主必有内顾不安的忧虑,然后选拔募集军中的精锐之兵去攻击他,这也是解围的一种办法。末帝认为这个意见很对,而执政诸人担心不能成功,议论之中竟然

公元940年… | 后蜀赵崇祚收集当时词作编成我国文学史上最早的词作选集——《花间集》,成为歌伎伶人使用的选本。

五代十国 > | 石郎造反 > | 卷二百八十◎后晋纪一

作不出决定。

末帝的忧愁表现在神色上,日日只是酣饮悲歌,群臣有人劝他北行,他说:"你别谈这个,石郎已经使我的心胆掉落到地上了!"

> 《旧唐书》是五代后晋官修纪传体史书，也是第一部完整唐史，为与宋欧阳修《唐书》区别而称"旧"。

公元945年

五代十国 >　北抗契丹 >　卷二百九十二◎后周纪三

北抗契丹（卷二百九十二◎后周纪三）

【原文】

后周太祖显德元年（甲寅，公元954年）

契丹数千骑屯忻、代之间，为北汉之援。庚辰，遣符彦卿等将步骑万余击之。彦卿入忻州，契丹退保忻口。

符彦卿奏请益兵，癸巳，遣李筠、张永德将兵三千赴之。契丹游骑时至忻州城下，丙申，彦卿与诸将陈以待之。史彦超将二十骑为前锋，遇契丹，与战，李筠引兵继之，杀契丹二千人。彦超恃勇轻进，去大军浸远，众寡不敌，为契丹所杀，筠仅以身免，周兵死伤甚众。彦卿退保忻州，寻引兵还晋阳。

时大发兵夫，东自怀、孟，西及蒲、陕，以攻晋阳，不克。会久雨，士卒疲病，乃议引还。

【译文】

后周太祖显德元年（甲寅，公元954年）

契丹数千骑兵屯驻在忻州、代州之间，作为北汉的援军。庚辰（初七），后周派遣符彦卿等人率领步兵、骑兵一万多出击。符彦卿进入忻州，契丹军队后退保守忻口。

符彦卿上奏请求增加兵力，癸

后周太祖郭威

公元947年…

五月,楚王马希范去世,其子马希萼、马希广争位。马希广党徒刘彦韬假称马希范遗命,拥其即位。

五代十国 > | **北抗契丹 >** | **卷二百九十二◎后周纪三**

巳(二十日),后周派遣李筠、张永德领兵三千赶赴前线。契丹流动骑兵时常到达忻州城下,丙申(二十三日),符彦卿和众将列阵等待契丹军队。史彦超带领二十骑兵作为前锋,遇到契丹军队,进行战斗,李筠领兵增援,杀死契丹二千人。史彦超恃仗勇敢,轻易冒进,离开大部队越来越远,寡不敌众,被契丹军队杀死,李筠仅仅只身逃免,后周士兵死伤很多。符彦卿后退保守忻州,不久领兵返回晋阳。

当时大量征发军队民夫,东起怀州、孟州,西至蒲州、陕州,用以进攻晋阳,还是没有攻克。后遇上长时间下雨,士兵疲劳生病,于是商议退兵回还。

契丹武士

线上阅读空间

ONLINE READING SPACE

让知识照耀人生

扫码进入

图文资讯
拓展书籍内容,开阔阅读视野。

拓展视频
观看在线视频,激发阅读兴趣。

趣味测评
测评阅读习惯,获取阅读建议。

阅读分享
分享阅读心得,碰撞思维火花。